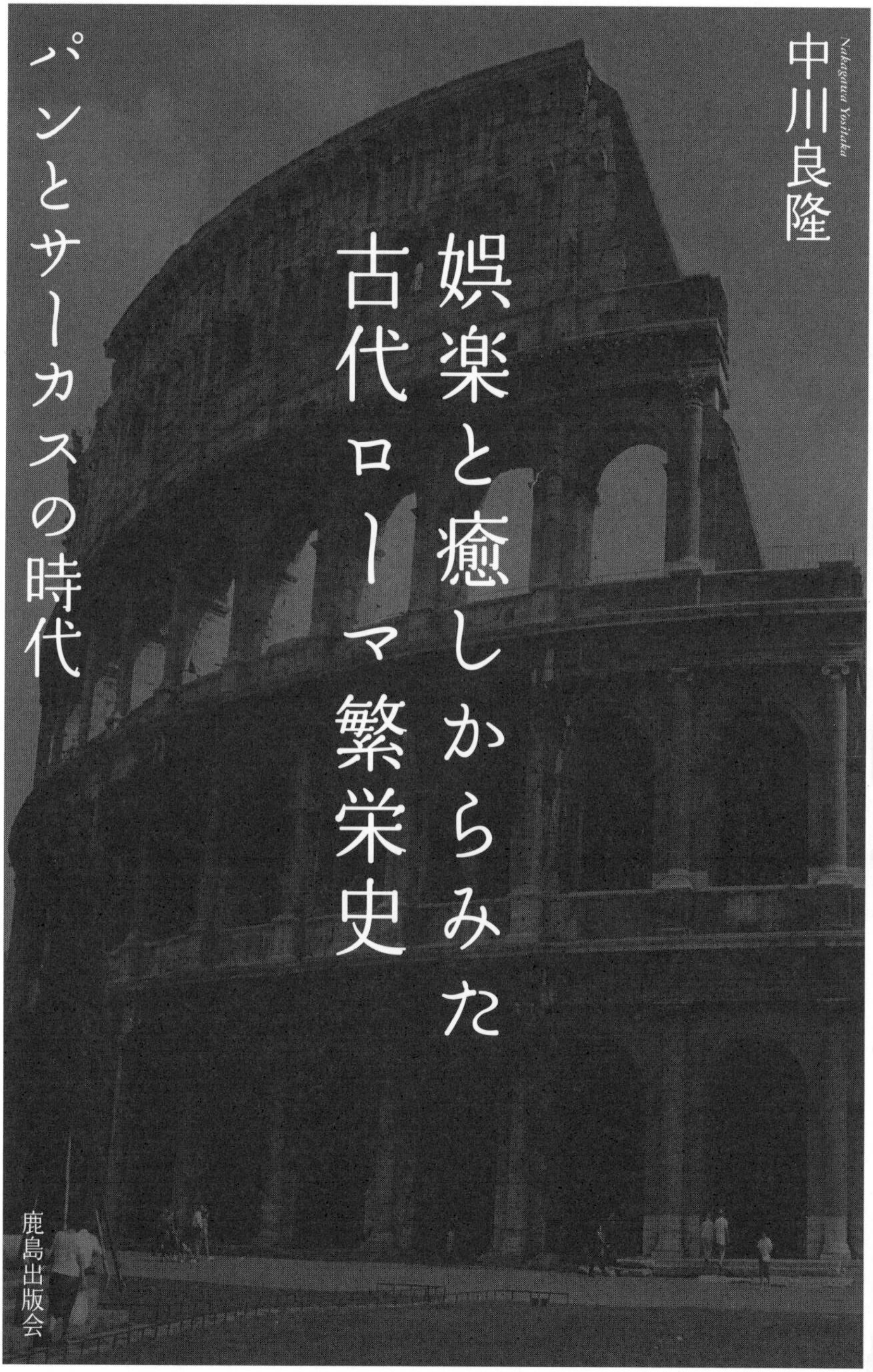

中川良隆
Nakagawa Yositaka

娯楽と癒しからみた古代ローマ繁栄史

パンとサーカスの時代

鹿島出版会

娯楽と癒しからみた古代ローマ繁栄史　目次

娯楽と癒しからみた古代ローマ繁栄史

緒言

「健全なる精神は健全なる身体に宿る」の言葉を残したローマの詩人ユウェナリス（六〇年～一三〇年）は、著作の『風刺詩集』に「我々民衆は、投票権を失って票の売買ができなくなって以来、国政に対する関心を失って久しい。かつては政治と軍事のすべてにおいて権威の源泉だった民衆は、今では一心不乱に、専ら二つのものだけを熱心に求めるようになっている。すなわちパンとサーカスを」と記した。

権力者から無料で与えられる「食糧（パン）と娯楽（サーカス）」によって、ローマ市民が政治に無関心となり、堕落してしまった。したがって強大なローマ帝国は衰退していくであろうと暗示したのである。しかし、大帝国は衰退どころか、約五〇〇〇年間も存続したのだ。

そして「パンとサーカス」とユウェナリスが揶揄した時代、すなわち五賢帝の時代を、一八世紀の英国の歴史家で『ローマ帝国衰亡史』を著したギボン（一七三七年～一七九四年）は、「世界史上人類が最も幸福で繁栄した時期はいつか、と問われたならば、人は躊躇なくドミティアヌス帝の死（九六年）からコンモドゥス帝の登位（一八〇年）までの時期を挙げるであろう。ローマの広大な支配領域は、美徳と英知に導かれた絶対的な権力の統治下に置かれた」と記述している。ユウェナリスの言うように「頽廃・怠惰な時代」ではなく、ギボンは一八世紀の時点で「世界史上人類が最も幸福で繁栄した時期」と記し、両者の意見は大変違うのである。

「パンとサーカス」のパンとは、主食の小麦のこと。サーカスとは、人の曲芸や動物の芸、そして道化による笑いで構成される、現代のサーカスとは違う。人々が熱狂した戦車競走のことなのである。映画『ベン・ハー』で見られたように、白・緑・青・赤組の四色に色分けした戦車が、騎士階級や市民階級等を代表して競走する。ここに賭けがあった。階級の名誉と賭けに観衆が熱狂したのは当然である。

サーカスの意味にはさらに、コロッセオ等で行われた殺し合いにもなる剣闘士闘技、ローマ喜劇等の演劇や、人工池で行われた模擬海戦も含まれていた。これらの見世物が、ローマ市内といわず、帝国内で広く頻繁に開催され、観衆も皇帝もサーカスに熱中したのである。本書では、娯楽であるサーカスの範疇には入らないが、娯楽と癒しとして大変人気のあった、公共浴場での入浴も含めて紹介する。

パンの提供は、共和政ローマの拡張期、ローマ軍団の基幹をなす市民階級が弱体化したことに端を発した。すなわち強力な軍事力に陰りが見えたのである。市民兵の多くは中小農民出身。彼らは自らの身体や血で国の隆興に寄与していたのである。それが税金にも等しかった。国の発展とともに、遠隔地での長期にわたる戦争が多くなり、耕し手のいなくなった畑地が荒れ果ててしまった。さらに植民地からの安い農作物の流入や、多数の奴隷が大農園で使役され、中小農民の作物に競争力がなくなってしまったのだ。この没落しつつあった中小農民の救済のために、ローマ市民に小麦の廉価配給をしたのが、紀元前一二三年、護民官に当選したガイウス・グラックスである。ちなみに「ローマ市民」とは、ローマの住民という意味ではない。奴隷や自由民、女性を除いた市民権を持った人々のことである。しかし、ローマ在住を義務づけられていたわけではない。その後、紀元前五八年の護民官クロディウスにより、ローマ市民に小麦の無料支給が行われた。配給人数の増減はあったが、首都ローマでは、四七六年の帝国滅亡まで続いたのである。もしパン(小麦)の廉価や無料の提供が行われなかったら、中小農民、そしてローマ帝国はどのようになっていたのだろうか。

サーカスの提供は、共和政初期より行われていた。古代ローマ人は遊び好きである。多くのローマ市民の一日の生活は、午前中は仕事、昼には仕事から解放され、昼食後は自由時間。祝祭日等の日数は、五賢帝の時代には、年間一三〇日以上にもなったと言われている。共和政、帝政ローマと発展すると、多くの人々が地方から仕事を求め、首都ローマに流入した。ローマの住宅事情は非常に悪く、大多数の人々はインスラという五~六階建ての雑居の高層アパートに居住。インスラの一階、あるいはその傍には水道やトイレがあり、居住環境は悪くはなかった。したがって家賃も高く、一階居住者は高額所得者。しかし二階以上の高層階には水道もトイレもなく、採光も十分とはいえない劣悪な状況であった。高額所得者なら郊外に別荘を持ち、休日には農耕をすることも可能である。しかし大多数の低所得者はそれもできず、多くの自由時間の過ごし方が問題であった。昼間には、暗く薄汚い自宅にいるわけにもいかず、戸外に出て行かざるを得ないのだ。無料で楽しめる見世物や、廉価な公共浴場で時間をつぶすことができなかったら、人々はどうしたのであろうか。「小人閑居して不善をなす」恐れはなかったのか。そしてローマ帝国はどのようになっていたのか。

しかし、パンや見世物、公共浴場の提供は莫大な出費が伴う。したがって、中世や近世ヨーロッパの王国、たとえば神聖ローマ帝国、ハプスブルグ帝国等でも、日常的な主食や娯楽、入浴の廉価や無料の提供はなかった。ましてや我が国の歴史上にもないのである。世界史上唯一、古代ローマが継続的にこれらを行ったのだ。歴史上の奇跡とも言えるのである。なぜこのような人気取り、すなわちバラマキ政策が可能であったのだろうか。

ローマ帝国は三九五年に東西に分裂し、四〇六年にブリタンニア(英国)から撤退した。その直前の四〇五年の版図は東西帝国を合わせると、まだ最盛期の約九割の面積を占めていたのだ。そしてローマ帝国(西ローマ帝国)は四七六年に滅亡した。ユウェナリスが「パンとサーカス」と嘆いた最大版図の時代を一一七年と仮定すると、この時代、ローマ帝国の領土は現代日本の一三倍、約五〇〇万平方キロメートル。すなわち現代のEU(二〇一〇年現在四三〇万キロ平方メートル)以上の土地を領有していた。一一七年から滅亡の四七六年まで、三六〇年もの間「パンとサーカス」、さらに公共浴場を提供し続けながら、広大な帝国を維持したのだ。日本の江戸時代が二六五年間である。それよりもはるかに長い期間、繁栄を保った。これは想像を絶することである。その秘密は何なのか。

ましてや一四代皇帝ハドリアヌス(在位一一七年～一三八年)が領土拡張政策を放棄した時から、ローマ帝国の領土は徐々に縮小していった。したがって、戦勝による財宝や賠償金、そして奴隷の獲得は少なくなってしまった。「パンとサーカス」そして公共浴場の提供には、非常に金が掛かるとともに、数多くの賦役が必要である。これがなぜ可能であったのだろうか。このように、「パンとサーカス」さらに公共浴場の提供とローマの繁栄の間には、多くの疑問がある。

現在の日本は「失われた二〇年」と言われている。繁栄の時代が去り、空虚さが世の中に漂い、国としての活力がなくなりつつある。一方、ローマ帝国は、バラマキ政策でもある「パンとサーカス」そして公共浴場の提供を続けても、長期間繁栄を謳歌することができたのだ。なぜだろうか。その秘密の解明が本書の狙いである。

本書では、「パンとサーカス」と公共浴場がどのように人々に提供され、それがローマの繁栄に、どのような影響を与えたのかを、疑問提起と解明の形で示す。

筆者は著書『水道が語る古代ローマ繁栄史』で、ローマの繁栄のためには、水道が不可欠であったことを紹介した。また『交路からみる古代ローマ繁栄史』では、軍事用道路、物資輸送用の海上交通施設のハードとソフトの大切さを説明した。

古代ローマは巨大な軍事力で領土を広げた。しかし秦の始皇帝の事例からも分かるように、武力だけで繁栄の持続は困難である。そのため古代ローマでは、水や食糧の安定供給にも頭を絞った。それらの提供がローマの繁栄に大きな効果をもたらしたことは、間違いない。しかしそれだけでは十分ではない。最低限の食べ物と、インフラを利用した娯楽や憩いの提供が、ローマの繁栄の維持に大きく寄与したのである。

それでは、「パンとサーカス」の世界、そしてローマの公共浴場にご案内しよう。

第一章
パンの提供

まず、「なぜパンの提供をしたのか」が第一の疑問である。ローマ市民とは、首都ローマ住民ではない。ローマ市民権を持つ人々のことで、女性や奴隷は含まれていない。穀物の受給資格は時代により、年齢等の制限があったようだが、詳細は不明である。また穀物の配給は首都ローマに対してであり、属州の諸都市の状況については多くが不明瞭で、定常配給はなかったようである。戦時や災害時における主食の一時的無料配給、また物価安定のための廉価販売は、世界各地であった。しかし数百年にわたる主食の無料提供は、世界史史上、古代ローマだけなのである。

また、小麦の無料配給が、共和政から帝政への転換の大きな要因となった。それはどのようなことなのか。すなわち、「なぜ、パンの提供が共和政から帝政への引き金になったのか」が第二の疑問である。独裁を恐れて、毎年交代する複数の指導者。例えば、執政官・護民官の二人制を基本とした共和政。一方、独裁的な元首による帝政。古代ローマは当初の独裁的な王政（紀元前七五三年～紀元前五〇九年）を捨て、共和政（紀元前五〇九年～紀元前二七年）へ転換した。それなのに独裁的な帝政（紀元前二七年～四七六年）への転換は先祖返りとも言える。なぜ政治体制の転換を求めたのだろうか。

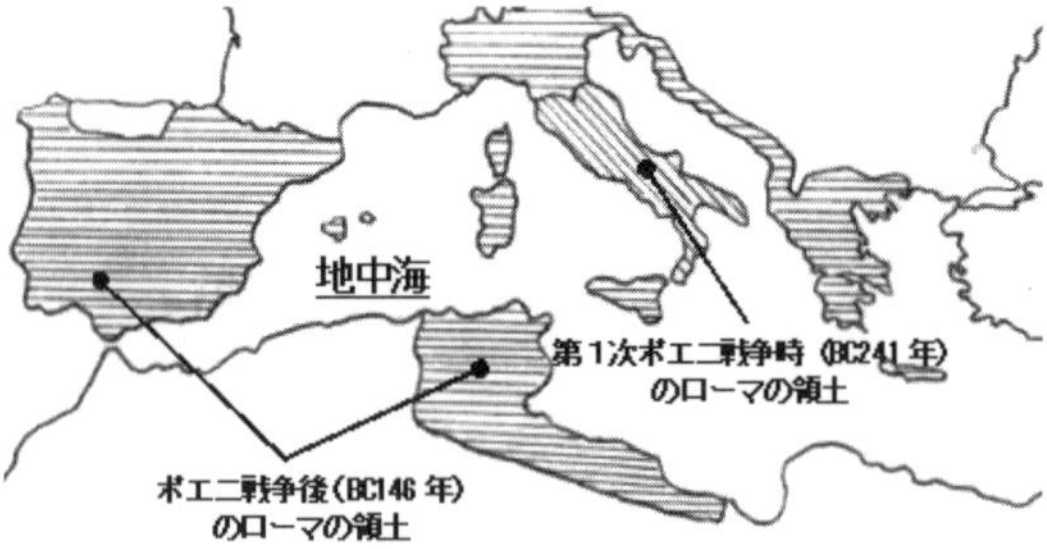

図1　ポエニ戦争（紀元前264年～紀元前146年）前後の共和政ローマの領土

長谷川等著『古代ローマを知る辞典』によれば、一四年頃の帝国全体の人口は四五五〇万人。そして首都ローマは八〇万人であった。帝国の人口の大多数を占める首都ローマ以外の食糧配給政策は、どのようなものであったのだろうか。つまり「属州の食糧配給政策」が第三の疑問である。

首都ローマでは、紀元前五八年のクロディウス法により、従来の廉価配給から無料配給に変わった。ローマ市民一人に毎月五モディウス（一モディウス＝六・七キログラム）。その量で、豊かな食生活を送れたのだろうか。あるいは、遊んでいても食べて行けたのか。「ローマ人の食生活」が第四の疑問である。

なお、小麦を「穀物」と表現することも多いので、以下、「穀物」に統一する。

なぜパンの提供をしたのか

パン（穀物）の定常的な廉価による配給は、紀元前二世紀後半、グラックス兄弟の改革に端を発した。当初の目的は、ローマ軍団の根幹をなす軍団兵（市民兵＝農民兵）の救済、生活支援にあった。救済が必要なほど、市民兵の家族は貧窮していた。この時代、共和政ローマはポエニ戦争（紀元前二六四年～紀元前一四六年）に勝利して、図1のように領土が拡大した。ポエニ戦争開戦時は、イタリア半島中部・南部しか領有していなかったが、約一〇〇年後、地中海を「我が海」と呼ぶほどに領土が拡大した。領土が拡大すれば、その恩賞で、功労者の軍団兵の生活は豊かになったのではと思うのだが、そうではなかったのだ。

貧窮した農民（兵）救済のために、兄ティベリウス・グラックスはセンブロニウス農地法を提出。

この法案は、貴族等による既得の国有地占有を制限し、没落した無産市民に土地を再分配、自作農の創出を目指したものであった。また弟ガイウス・グラックスは、ローマ市民に穀物を廉価で売る穀物法で貧民救済を試みた。しかし、元老院議員を中心とした既得権勢力による兄弟の暗殺等により、改革は挫折してしまった。改革というものは一朝にして成らず、生贄が必要なものなのだろう。

古代ローマは覇権国家であり、ローマ軍は非常に強かった。当たり前のことではあるが、軍団兵が健全でなければ、ローマ軍は成り立たないのである。まず古代ローマの軍団がどのように構成されていたのかを説明する。国が隆盛に向かうのに、なぜ軍団兵が弱体化していったのかを、明らかにするためである。

王政／共和政ローマの軍団兵の構成

ローマが王政（紀元前七五三年〜紀元前五〇九年）であった頃の軍団は、後の帝政のものとは全く異なる。すべて召集されたローマ市民により構成されていた。兵役はローマ市民の義務であり、カルタゴのように傭兵を使用してはいなかったのだ。

第六代の王セルウィウス・トゥッリウス（在位紀元前五七八年〜紀元前五三五年）は、兵力の把握のため、現代のセンサス、国勢調査に相当するケンススを行った。その目的は、歩兵部隊を所有財産に応じて五つの階級に区分するためで、重装歩兵や軽装歩兵に分けた。当時、兵士の武具は自前で用意するのが原則で、さらに無給であった。それでも死の危険性もある兵役に就けることは、市民として名誉なことであったのだ。現代の我々の考え方と大分違うのである。

等級	資産(アッシス)	装備	人数
第1等級	100,000	兜・円楯・脛当て・胸当て・槍・剣	80
第2等級	75,000	兜・長円楯・脛当て・槍・剣	20
第3等級	50,000	兜・長円楯・槍・剣	20
第4等級	25,000	長円楯・槍・投げ槍	20
第5等級	11,000	石投げ器、石	30

表1　セルウィウスの歩兵部隊構成(1セステルティウス=2.5アッシス)
注:アウグストゥス帝の通貨改革で1セステルティウス=4アッシス(アス)となる

ゴールズワーシー著『古代ローマ軍団大百科』によれば、資産と装備は、表1に示すようになっている。階級ごとに、持参する防御や攻撃武器の種類を決めていた。財産があるものは、兜・円楯・脛当て・胸当て・槍・剣の装備。財産の少ないものは、石投げ器や石の装備となる。騎兵は馬も自前なので、特に財産が沢山なければなれなかった。したがって、一万一〇〇〇アッシス以下の資産しかない市民は兵役免除。兵役を嫌う人間が多い現代においては、「無産市民＝兵役なし」はラッキーだと思われがちだが、古代ローマでは非常に不名誉なことであったのだ。彼らは市民でありながら、市民扱いを受けることができなかったのである。

王政時代から共和政時代、紀元前一〇七年のマリウスの軍制改革(志願兵制度)まで、資産額は変動したであろうが、基本的に財産区分が軍団兵の構成の基本となっていた。

ここで問題は、装備が統一されても、体力、能力、すなわち年齢がバラバラでは、組織立った兵員の運用は困難となることである。ローマ人はこの弱点に気付き、共和政ローマになると、軍団兵は今までの財産による区分けから、年齢による区分けへと変更された。敵軍に対して第一戦列が若年兵士、第二戦列が壮年兵、第三列が古参兵となった。古参兵の経験も必要だが、第一列は体力のある若年兵がよいのである。このため騎兵など富裕階級が務める部隊は別として、歩兵部隊の最低限の兵装は、装備統一のため国からの支給となった。しかし無産市民の兵役免除は変わらなかった。

紀元前三九六年、ウェイイ(ローマの北北西約二〇キロメートルの地点にあったエトルリア人の重要な古代都市)攻略戦が、ローマ軍として初めて、冬営をするほど長期戦になった。このため、兵役期間中の給与も支払われた。長期間、自分の仕事を放り出して軍務に励むため、無給というわけにはいかなくなったのだ。事実は「軍務期間中の補償を払わないと戦線を離脱する」と、司令官カミルスを脅かした結果のようだ。古代ローマの面白さは、食糧危機の時に民衆が皇帝を吊るしあげるなど、人々が意見を主張することである。

ともかく、これがローマ軍として初めての給料。しかしそれは十分なものではなかった。兵役は財産(具体的には農地)を持つローマ市民権所持者、すなわちローマ市民の義務と考えられていたからである。奴隷等を使役できる大土地所有者には問題は少ないが、中小の自作農民に問題が発生した。この問題解決のためグラックス兄弟が奔走したのだ。しかし本質的解決にはならず、紀元前一〇七年の執政官マリウスによる志願兵制度導入まで待たなければならなかった。

中小自作農出身軍団兵の苦悩

中小自作農出身の軍団兵が救済の対象とは、どのようなことなのか。共和政ローマはカルタゴとの三次に渡るポエニ戦争の勝利で領土を大幅に拡大し、地中海を「我が海」とした。その勝利が軍団兵の生活に大問題を引き起こしたのだ。特にカルタゴの将ハンニバルに一六年間もイタリア国内を蹂躙され、やっと大スキピオの活躍でカルタゴを打ち破った第二次ポエニ戦争(紀元前二一八年～紀元前二〇一年)以降、問題が顕在化してきた。この勝利で地中海を「我が海」としたのに、である。国が隆盛に向かえば、兵も富むと普通は考えるところだが、古代ローマでは違ったのだ。

ローマ軍の戦力の主力は、少人数の大土地所有の貴族ではなく、数の多い自作農民であった。

戦争の勝利は自作農民に過酷な運命をもたらすこととなった。ローマから遠隔の地での長期の戦争、例えばスペインやカルタゴでの戦争では、戦場への往復の時間も長く、相手は強敵であり戦争は長く続いた。このため軍団兵は長期間拘束されてしまい、その結果、耕し手のいない中小自作農民の農地は荒廃。そして、戦勝で獲得したシチリアやアフリカの植民地から、安価な穀物が大量に流入した。さらに、征服で得た安価な奴隷を使用する貴族の大農場(ラティフンディウム)が拡大し、安い産品を提供したのである。

これらにより農作物の価格は大幅に下落したのだ。価格の下落に対抗できない中小自作農民は、ますます没落することになった。その結果、中小自作農民は土地を捨て、無産者となり、首都ローマに流入したのである。戦争の大勝利、領土の拡大は、良いことばかりではなかったのだ。

中小自作農民の没落による徴兵対象者の減少は、軍事力の低下に直結した。やむを得ず、徴兵対象をより資産の少ない者にまで拡大したのだ。それによって一家の働き手を取られた中小自作農民は、ますます没落。資産の少ない者から徴兵されたローマの軍団の質は、著しく低下していったため、戦勝による負の循環が発生してしまった。国が富む一方、国軍を構成するローマ市民が没落し、その結果、ローマ軍の力が低下したのだ。

それは、紀元前一三五年~紀元前一三二年のシチリア奴隷反乱の制圧の時に顕在化。この反乱は、牧畜業者による奴隷への烙印・笞打の虐待、それに対する反抗に端を発した。最初はわずか四〇〇人規模の地方的な反乱にすぎなかったが、三日間で反乱奴隷の数が六〇〇〇人に達し、大規模なものになった。リヴィウスは著作『ローマ建国史』に、反乱に加わった奴隷と自由人との数はさらに増え、七万人になったとしている。第三次ポエニ戦争(紀元前一四九年~紀元前一四六年)でカルタゴを殲滅したローマ軍団が、僅か十余年で、無訓練の寄せ集め集団とも言える反乱軍を迅速に制圧する力がなくなり、鎮圧に三年間も掛かってしまったのだ。こうなると、心ある為政者は危機感を持った。その代表がグラックス兄弟なのである。

グラックス兄弟の生い立ち

改革を始めたグラックス兄弟【写真1】の父親は、執政官を二度務めたティベリウス・センプロニウス・グラックス・マイヨル（大グラックス）、母親は第二次ポエニ戦争でハンニバルを破った救国の英雄、スピキオ・アフリカヌスの娘、コルネリア・スキピオ・アフリカナである。まさに共和政ローマのエリートであった。

『プルタルコス英雄伝』グラックス編に「父のこのティベリウスは、ローマの監察官となり、二度執政官に就任し、二回凱旋式を挙げたのであるが、それ以上に徳性の点ですばらしい声望を勝ち得た人なのである」と、記述している。それは、紀元前一八七年に護民官となった大グラックスが、五〇〇タレント（五三億円相当）の使途不明金を口実とした「スキピオ裁判」で、大スキピオを弁護したことである。それほど父親の大グラックスは気骨のある人物であった。

反スキピオの指導者は、マルクス・ポルキウス・カトー（大カトー：紀元前二三四年～紀元前一四九年）。彼は弁舌に優れ、紀元前一九五年に執政官、紀元前一八四年に監察官を務め、さらに『農業論』や歴史書の『起源論』を著作するほどの知識人でもあった。大スキピオの進言で、元老院は第二次ポエニ戦争後のカルタゴを同盟

写真1　グラックス兄弟彫像

国として処遇することを選んだ。しかし大カトーは反対だった。彼は農政家、政治家としての立場から、カルタゴの農業基盤の強さに脅威を感じていたのだ。元老院で、カルタゴ産の見事なイチジクの実を見せて「これほど見事なイチジクを産する国が三日の距離にいる」と言って、カルタゴを滅ぼす必要性を盛んに説いた。そして元老院で演説を行う時には常に、全く関係ない話題であっても「ともあれ私は、カルタゴは滅ぼされるべきであると思う」と、末尾に付け加えたほどの一徹者。カルタゴの殲滅、すなわち第三次ポエニ戦争開戦を指導したのも大カトーであった。

その大カトーは、第二次ポエニ戦争の敗戦国であるカルタゴを救い、ギリシャ文化を好み、派手で、派閥を形成する大スキピオを嫌っていた。大スキピオの弟である執政官スキピオ・アシアティクスがシリア遠征を行った際、大スキピオは副官として従軍し、アンティオコス三世のシリア軍を打ち破る。その時の賠償金の一部が使途不明金となった。これを発端に、大カトーは紀元前一八五年、弾劾裁判を起こし、大スキピオを失脚に追い込んだのだ。

このスキピオ弾劾裁判の時に、大グラックスは「救国の英雄スキピオの弾劾は、スキピオの名誉を汚す以上に、ローマ市民の名誉を汚すものである」と、一人敢然と弁護に回ったのである。正しいと思ったことは一人でもやる。まさしくこの性格が、グラックス兄弟に受け継がれたのだ。大スキピオの弾劾裁判は成立しなかったが、このいざこざに嫌気がさした大スキピオはローマを去り、引退してしまった。

恩義を感じた大スキピオは、まだ幼い娘コルネリアを、大グラックスに嫁がせると約束した。実際に結婚したのは、婚約から十数年後の紀元前一七二年、コルネリアは一八歳、夫の大グラックスは四五歳であった。このような年齢差のある夫婦ではあったが、生活は幸せに満ちたものと

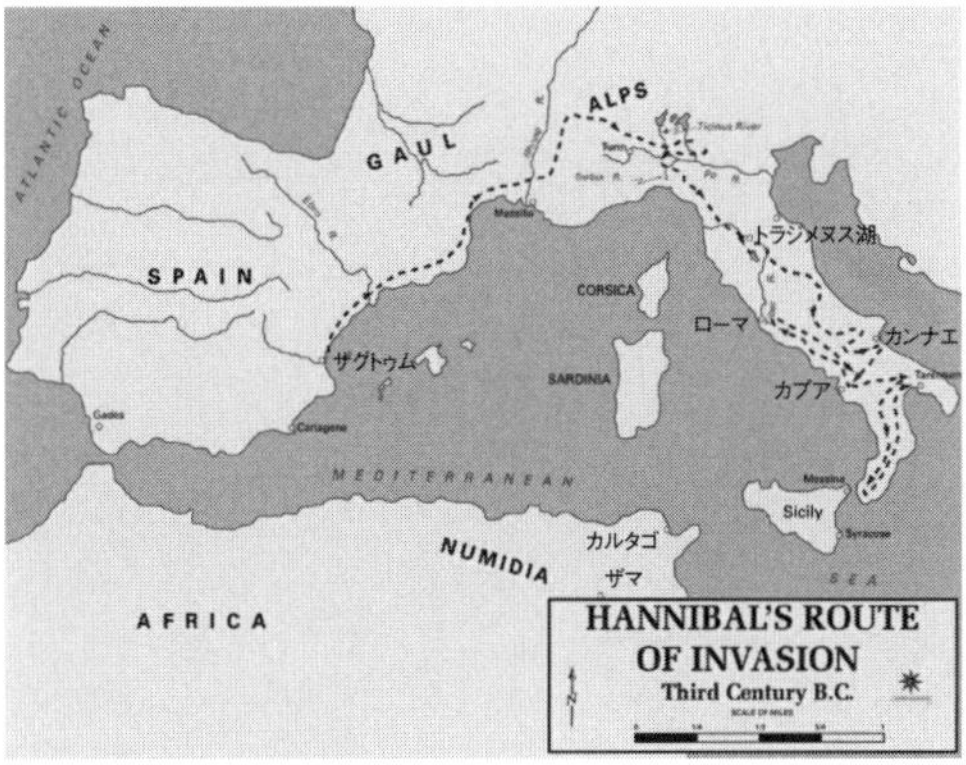

図2　ハンニバルの侵攻図

なり、コルネリアは一二人の子供を出産。しかし成長したのはティベリウス、ガイウス、センプロニア(スキピオ・アエミリアヌスの妻)の三人だけであった。

紀元前一五四年に大グラックスが死去。英雄アフリカヌスの娘である妻コルネリアのもとには、数多くの再婚話が持ちかけられた。当時、名門の出身で多産の寡婦はもてたのである。子沢山は、子孫繁栄のしるしであり、その能力を示した女性だからであろう。その中の一つに、プトレマイオス朝エジプトの王から、王妃として迎えたいという再婚話まであった。しかしコルネリアはその話を断り、息子ティベリウス、ガイウスの教育に全てを注いだという。グラックス兄弟が非業の死を迎えた後も、賢母として人々の尊敬を集め、文化サロンを形作るほどの教養人であり、「ローマ女の鑑」として、後世の人々に語り継がれた女性である。

そのコルネリアの父親、大スキピオとはどのような武将であったのか。第二次ポエニ戦争で、共和政ローマはカルタゴの将軍ハンニバルに、イタリア本土を一六年間も蹂躙された。図2に示すように、ハンニバルは紀元前二一八年、五万の兵と三七頭の戦象を率い、イベリア半島ザグントゥムより北上し、アルプスを越えイタリアへ侵入。紀元前二一七年のトラジメヌスの戦い、紀元前二一六年、戦史に名高いカンナエの戦いで、ローマは惨敗を喫した。ハンニバルの戦術は歩兵と騎兵による、包囲殲滅作戦を基軸としていた。そして南イタリアを長い間、占拠していたのである。

大スキピオが一七歳(紀元前二一八年)の時に第二次ポエニ戦争が勃発し、彼もローマ軍に参加し、その経験の中で敵将ハンニバルの天才的な用兵を学んだ。そして敵地スペインおよび敵本国カルタゴへの逆上陸により、ハンニバルの本国カルタゴへの召還を余儀なくさせる作戦に出た。そして紀元前二〇一年、カルタゴ、ザマの地でハンニバルと対戦し、圧勝したのだ。大スキピオは共和政ローマの救国の英雄として、その後、永世独裁官に任じられ、ローマの元老院を支配したのである。しかし大カトーの告訴により失脚し、紀元前一八三年、恨み言を残して死んだ。「恩知らずのローマにわが遺体を埋めるな」である。

兄ティベリウス・グラックスの改革と挫折

このような時代背景のもと、戦勝によるローマ軍の弱体化という負の循環を断ち切ろうと改革を始めたのが、ティベリウスとガイウスのグラックス兄弟である。結論から言うと失敗に終わった。しかし彼らの改革は、約八〇年後にユリウス・カエサル(紀元前一〇〇年~紀元前四四年)の力により実現したのだ。グラックス兄弟には、先見性とローマを救おうという義侠心はあったのだが、武力を含めた力がなかったのが失敗の原因である。国が負の循環に陥っている中でも潤っている人々(大地主、すなわち元老院議員)がいて、彼らは一様に力を持っていた。その力には敵わなかったのだ。

ティベリウス・グラックスは、紀元前一三七年に財務官として任地のヒスパニアに赴任する途中、エトルリア地方(ローマ北方、現代のトスカーナ地方)で、長年の遠征によって疲弊、没落した中小農民とその農地、一方、大地主の豊かな農地の実情を見て、改革を決意したと言われている。

その時のティベリウスの様子を、『プルタルコス英雄伝』グラックス編には「イタリアの野に草をはむ野獣でさえ、洞穴を持ち、それぞれ自分のねぐらとし、また隠れ家としているのに、イタリアのために戦い、そして斃れる人たちには、空気と日光のほかに何も与えられず、彼らは、家もなく落ち着く先もなく、妻や子を連れてさまよっている。しかも全権を握る将軍は、戦闘に際して、墳墓と聖域を敵から守るのだ、と兵士を励ましては嘘をついているのだ。というのも、これほど多くのローマ人の誰一人として、父祖伝来の祭壇も祖先の宗廟も持っていないからだ。彼らは、他人の贅沢と富のために戦って斃れ、世界の征服者と謳われながら、自分自身のものとしては土くれだに持っていないのだ」と語ったと記されているのだ。これはまさしく父親譲りの義侠心の発露であろう。この言葉に感激しない民衆はいなかったと言われている。

彼は紀元前一三三年に護民官となると、ラティフンディウムによる公有地の占有を制限して、没落した無産市民に土地を再分配することにより、自作農の創出を目指す社会改革を開始した。すなわちセンプロニウス農地法を提出。その内容は「国有地占有を一人五〇〇ユゲラ（一二五ヘクタール以下）、子一人につき二五〇ユゲラ、全占有地は一〇〇〇ユゲラ以下に制限。さらに借地の相続権は認めるが、他人への譲渡権は認めない」というものであった。これは紀元前三六七年に二人の護民官ガイウス・リキニウス・ストロとルキウス・セクスティウス・ラテラヌスによって提案、制定されたリキニウス法（何人も五〇〇ユゲラ以上の土地を保持してはならない）の焼き直し。農地法を提出したということは、リキニウス法が守られていなかったということである。

ティベリウスは、既得権益を侵されまいと反対する多くの大土地所有貴族により構成される元老院と対決した。法案を元老院に提案すれば潰されるのは目に見えていたので、直接民会に提出した。

ここで共和政ローマの政策決定システムはどのようになっていたかを説明しよう。貴族より構成される元老院。トップは毎年選出される二名の執政官。ローマ市民のうち平民により構成される民会。トップは毎年選出される二名の護民官である。元老院と民会の並立であり、軍事については元老院、民事については民会が優先権を、護民官二人は両者が法案の拒否権を持っていた。

そこで元老院は、もう一人の護民官であるオクタウィウスを買収し、ティベリウスが民会へ法案の投票を募る提案を出すたびに拒否するという手段に出た。これに対し、ティベリウスはオクタウィウスを民会投票で解任、強制的に民会から退出させるという方法で対抗した。護民官による相方の護民官の解任、この時点でティベリウスは単独の護民官となり、結果として強大な権力を有する存在となった。そしてセンプロニウス農地法は可決された。

そんな時に、現在のトルコに位置するペルガモン王国のアッタルス三世が没し、王国をローマにゆだねると遺書に残した。アッタルス三世の友人であった大グラックス、その息子ティベリウスに、ペルガモンの使者が、この遺書を届けたのだ。ティベリウスは、これを法案実行のための財源として活用しようとした。元老院に相談なしに、である。

この行為は、今まで国外の事案に携わってきた元老院にとって衝撃的な挑発として受け止められ、ますますティベリウスと元老院は対立を深めていった。護民官の領分を逸脱したティベリウスの行為に対し、反対派は彼の任期の終わりに、その反体制的な姿勢を弾劾した。それに対して彼は再選を目指す。再選されれば市民には軍役を短期間なものとし、元老院の権限を限定的なものにすると公約したのである。これは元老院議員には余りに挑発的であった。執政官他の政務官職は、非常時以外、再選は法で禁じられていた。しかし、平民代表の護民官にはこの法の適用はなく、通常は再選を目指すのでなく、自動的に元老院議員になれたのであった。したがって出世のコースに乗るのが普通だった。それをティベリウスはあえて破って、護民官再選を目指したのである。彼は出世より、民衆の幸福を考えたのだろう。

護民官選挙の日、外出を控えるよう説得する従者に「アフリカヌスの孫で、平民の代表たる護民官である自分が、臆病者と敵に罵られるわけにはいかない」と振り切り、ティベリウスは護衛に守られながら投票所のあるフォロ・ロマーノに現れた。しかし投票の最中に暴動が勃発。「ティベリウスは王になろうとしている」と言い立てられ、いとこのスキピオ・ナシカらに扇動された暴徒によって、護衛ともども殺され、その遺体はテヴェレ川に投げ込まれたという。

ともかく、ことを急ぎすぎたのである。正義を行うにしても、強大な敵に対抗するには、時間を掛けて戦略を練る必要があったのだ。ローマ人同士が血を流して争ったのは、共和政になって初めてであった。ましてや、護民官は護民官特権という、身体の不可侵権があるにもかかわらず、である。この結果、センプロニウス農地法は闇に葬られてしまった。

共和政ローマに王位はタブーである。王政から共和政への移行は、第七代王タルクィニウス・スペルブスの圧政が原因であったためである。王＝圧政が共和政期のローマ人の脳裏をかすめるのだ。タブーの王位を目指していると見られたのが、終身独裁官になったユリウス・カエサルである。彼も共和政を守ろうとした元老院議員により、暗殺されてしまった。歴史は繰り返されるのだ。

そして、パンの問題を提起したティベリウスの暗殺(紀元前一三三年)で始まったローマの内乱の一〇〇年は、紀元前二七年にオクタウィアヌスがアウグストゥス(尊厳者)の称号を元老院より贈られた、いわゆる帝政の始まり、さらに紀元前二二年のアウグストゥスの穀物供給指揮（クーラ・アノーナエ：食糧供給のための配慮）の年まで続いたと言える。

弟ガイウス・グラックスの改革と挫折

兄ティベリウスの改革を引き継ぎ、弟ガイウス・グラックスは紀元前一二三、一二二年に護民官になった。紀元前一二二年の護民官選挙にはガイウスは立候補しなかったが、市民の自発的投票で選ばれてしまった。それほど彼に対する期待感があった。一方、保守派は、再び彼が兄ティベリウスのような行動を取るのではないかと警戒した。しかしガイウスは、兄の遺志は継いだが、同時に兄が犯した過ちを再び行わないよう学んでいた。

まず、騎士階級を味方に付けて元老院に対抗した。具体的には、ローマの市民に穀物を安価に売る穀物法で、貧民救済を目指す。さらに首都ローマの無産階級救済のため、アフリカに植民市を建設する植民市法案を提出。そして、一七歳以下の青年の軍役徴募の禁止などの軍事関係法案等を実施した。しかしエトルリア人、ウンブロ人、サムニウム人等のローマ連合を構成するラテン同盟市に対するローマ市民権公布で紛糾。紀元前一二一年、兄と同様に反対派により追い詰められ、元老院最終勧告（非常事態宣言）が出されてしまった。このため軍が出動し彼は犯罪人として追われ、自殺に追い込まれたのだ。

紀元前一二三年、護民官ガイウス・グラックスが提出した法案は、国家が一定量の穀物を買い上げ、市価より安い価格、すなわち、ローマ市民へは月五モディウス（一モディウス＝六・七キログラム）、一モディウス当たり六・三アスで配給するというものであった。この法案による廉価配給は全ローマ市民に行われたようである。法案に反対の執政官経験者で元老院議員ルキウス・カルプルニウス・ピソ・フルギですら、配給の列に並んだとのこと。「私の財産を市民一人一人に分配するなどということを、君が本気でやらなければよいがと思っていたのだが、本当にやり始めたので自分の取り分を請求しに来たというわけさ」というピソの言葉が、政治家であり雄弁家で多くの著作を残したマルクス・キケロ（紀元前一〇六年～紀元前四三年）により残されている。金持ちである元老院議員も配給を受けていたのであるから、所得等の制限はなかったようだ。貧民対策なら所得制限があってもよさそうなものだが、その実施はいつの世でも難しいのである。

穀物の量と貨幣単位

モディウスとは元々、ワインやオリーブオイルを入れる、写真2のアンフォーラ（通常約二六リットル）の三分の一の容積単位。『古代ローマを知る辞典』によれば、以下のような価格換算をしている。帝政期の穀物一モディウスの市場価格は、三セステルティウス（一二アス）程度。したがって穀物法による販売価格は市価の約半分であった。穀物一モディウス当たり一二アスとは、一キログラム当たり、一・七九アスに相当。平成一五年度の小麦粉一キログラムの平均価格は一八五円。籾殻付きのローマ時代の小麦と、現在の小麦粉と重量比較は、歩留まりや製粉の手間を考慮しないとすると、一アス＝約一〇〇円に相当。帝政期のローマの貨幣は、大略一アウレウス（金貨）＝二五デナリウス（銀貨）＝一〇〇セステルティウス（黄銅貨）＝四〇〇アス（青銅貨）。以下の議論では、換算しやすいように一アス＝一〇〇円と設定する。

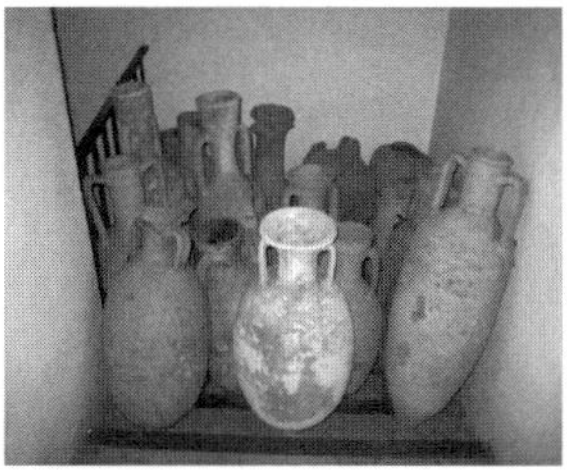
写真2　アンフォーラ

ここで、ローマ市民一人当たり月五モディウスが多いのか少ないのかを検討する。前記の大スキピオを追い詰めた大カトー著の『農業論』には、「肉体労働者は夏季に月当たり四・六モディウス、冬季に四モディウス。非肉体労働者は月当たり三モディウスの穀物が支給されるべき」とある。

平均的ローマの住民、老若男女を含めて、一人一月当たり二・五モディウスと設定すると、五モディウスで二人分しか賄えない。四人家族でローマ市民一人とすると、月々五モディウスの穀物を別途、市場から購入する必要がある。穀物の市場価格を三セステルティウスとすると、廉価購入分を含めて、四人家族で年間二七五セステルティウス（一一万円相当）の主食購入費用がいる。一方、四人家族でローマ市民二人とすると、購入費は、一八九セステルティウス（七・五万円相当）となる。

軍団兵の給料

『古代ローマ軍団大百科』によれば、軍団兵の給料は、紀元前四五年、カエサルは従来の倍額の九〇〇セステルティウスに。そして八二年、ドミティアヌス帝は一二〇〇セステルティウスに、さらに一九七年、セプティミウス・セウェルス帝は一五〇〇セステルティウスに引き上げたとある。

軍団兵の衣食住はタダではなく、給料から衣食は差し引かれていた。ちなみに、八一年のエジプトでの支援軍兵士の給料明細によれば、食糧が二四〇セステルティウス、衣服や靴で一八二セステルティウス天引きされている。九〇〇セステルティウスの俸給で、小遣いを除き、幾ら家に仕送り、そして貯金ができたのであろうか。グラックス兄弟の時代の軍団兵給料や天引き額は不明であるが、帝政初期よりも安かったのではないだろうか。グラックス兄弟の時代、小規模農家では、働き手が農民兵になり遠方の地に行くと、残された家族は食べていくことが大変であったのだ。

グラックス兄弟改革の位置付け

穀物の配給（穀物法）は、古代ローマ史上、ガイウス・グラックスの独創的な発案であったのだろうか。実は古代ローマでは、戦勝記念で凱旋式を行い、ローマ在住民に金品や食物を配給する習慣があり、また食糧危機や価格高騰の時には、為政者や富裕者が食物を配る風習があった。

例えば、紀元前五〇八年、四九二年の穀物不足あるいは飢餓の際に、元老院や上級政務官が、穀物調達に走り回った記録がある。またローマのインフラ整備や市場の監督を任務とする造営官は、穀物の価格調整や配給も担当していた。造営官職は次の職位である法務官職や、さらにその上の執政官職へのステップであり、この職務を良好に勤め上げるのが、選挙で法務官に当選し、出世をする近道であった。このため共和政時代には、私費で穀物配給の手助けをする造営官もいた。すなわち選挙の贈賄である。この時代にはまだ、選挙目的の贈収賄は不正と見なされていなかったのであろう。

紀元前二〇一年の第二次ポエニ戦争終結後、共和政ローマは、戦争に次ぐ戦争で、首都ローマでは食糧不足が頻発した。この対応として、為政者や富裕者によるその場限りの食物配給を行ったが、それでは間に合わなくなってしまった。そのくらい首都ローマに無産者があふれたのである。食物配給を法的に国家の仕事として法制化、定期化したのがグラックスの穀物法なのだ。時代がそれを要求したと言える。

グラックス兄弟による改革が頓挫した理由については様々な説がある。彼らの後に続く、スッラによる元老院強化策や、カエサル、オクタウィアヌス(アウグストゥス帝)による帝政移行等が武力を持った人物によって成し遂げられたことからも、軍事的背景を持たぬグラックス兄弟らの護民官が、軍事力を持つ元老院を相手にするのは危険すぎたという説。また、理想に燃えるグラックス兄弟が、護民官の任期が一年間と短期間だったことに焦りを感じ、あたかも独裁者的に色々の法案の進行を性急に運んだためだとの説等がある。急いで事を運ぶには武力的背景が必要だし、武力がなければ時間を掛けて実行すべきであった。いずれにしろ理想に燃えたグラックス兄弟は、戦闘、戦術能力は優れていたが、戦略眼に欠けていたのである。しかし、共和政打破の嚆矢となる、穀物法による廉価制を打ち立てた功労者であることは間違いない。

グラックス兄弟の改革以降

グラックス兄弟の改革により土地所有者数がいくぶん増加したが、紀元前一一一年の土地法により公有地の私有が認められ、大土地所有がさらに進展してしまった。

グラックス兄弟の死以降も、彼らの遺志を継いで改革を行う政治家が続出した。その結果、ローマの政界に、閥族派と民衆派の対立を生み出し、その中から、軍制改革を実施したポプラレス(民衆派)のガイウス・マリウスが台頭。すなわち徴兵制でなく志願制への移行によって、無産市民が軍に吸収されることになった。このことにより、平民救済は違った形ながらもある程度実現された。しかしこれが後に問題となる。戦時は良いが、非戦時でも志願兵を食べさせなければならない。そうなると、有能な軍団司令官と軍団兵との間に強固な繋がりができる。その代表例がユリウス・カエサルの軍団である。結果として共和政の崩壊、帝政の到来をもたらした一つの理由となった。さらに、食料を確実に調達してくれる指導者の待望論。それは独裁者でもかまわない。ともかく食べられることが第一と考えたのだ。

農地改革は、カエサルが執政官となった紀元前五九年に、ユリウス農地法として実現することとなった。その他のカエサルの施策にも、グラックス兄弟の意図を受け継いだものが多い。さらに穀物法はガイウスの死後、廃案とならず受け継がれた。このことは、共和政ローマ、そして帝政ローマが拡大する上で、穀物の安定供給が不可欠なものであったことを示している。

穀物配給への執政官の介入

グラックスの穀物法は民会決議によるものであり、もともと元老院は賛成ではなかった。しかし共和政ローマが戦争により領土を拡大していくと、不賛成と言っているわけにはいかなくなった。執政官が穀物配給に乗り出してきたのだ。

紀元前九〇年代に護民官オクタウィウスは、受給者を制限した法案を提出した。キケロは「(グラックスの大盤振る舞いに比較して)マルクス・オクタウィウス(の配給法)は穏健かつ共和政にとって耐えられるものであり、また民衆にとって必要なものでもあった。つまり市民たちにとっても、国家にとっても健全なものであった」と賞賛している。紀元前九一年から四年間、イタリア半島内の多くのローマ同盟市が一致団結してローマに離反した、いわゆる同盟市戦争が起きた。マリウスやスッラの活躍で終結し、同盟市の市民にローマ市民権が認められた。この戦争がもたらした食糧不足により、元老院の意向でオクタウィウスが民会に法案を提出したのである。受給者の数は明らかではないが、廉価配給でも、受給者数の制限がないと国庫は苦しいことをキケロは明らかにしている。

しかし、紀元前八一年に独裁官ルキウス・コルネリウス・スッラにより穀物法は一時廃止となった。穀物の廉価配給自体、国家の義務を逸脱していると考えたのであろう。スッラの政界引退は紀元前七九年、そして翌年に世を去った。市民の穀物法復活の要求は、紀元前七五年、執政官ガイウス・アウレリウス・コッタにより実現した。対象者は四万人と言われている。六年間の停止であった。民衆というものは、一度楽な思いをすると困難なこと(市場価格購入)をなかなか続けられないものである。たとえ国庫に負担を掛けていることが分かっていても。増税議論が選挙戦で不評であることと同じで、人々は困難を直視したくないものなのだ。

紀元前七三年、スパルタカスによる第三次奴隷戦争が勃発した。この年に執政官ガイウス・カッシウス・ロンギヌスと、マルクス・テレンティウスによるテレンティウス・カッシウス法で穀物の廉価配給が行われた。キケロによれば受給者は同じく四万人である。

紀元前六二年に元老院議員マルクス・ポルキウス・カトー(小カトー)による提案、ポルキウス法が民会で成立して、穀物配給のための年間経費を三〇万セステルティウスとした。廉価配給とすると、毎月約三〇〇〇人に五モディウスの穀物を配給したことになる。

護民官クロディウスによる無料配給

紀元前五八年、護民官プブリウス・クロディウス・プルケルはローマ市民に対して、穀物の公定低価格販売に代えて、穀物の無料配給を始めた。いわゆるクロディウス法である。この年にカエサルは、九年間にも及ぶガリア遠征を開始した。無料受給者数は三二万人にも及んだとみられている。受給者の中には、急増した解放奴隷も多く含まれていたという。奴隷を解放すると、奴隷所有者（ローマ市民）の負担が減るためである。いつの時代にも目先を考えたさもしい人間がいるものだ。さらに受給年齢を下げたものと思われる。ガンジー著『古代ギリシア・ローマの飢餓と食糧供給』では「クロディウスによって、市民の家族に属している男子の受給年齢資格の下限は、恐らく一四歳から一〇歳まで引き下げられた」と記されている。紀元前四六年に、カエサルは受給人数を一五万人に減らした。ローマ市民の植民と、受給者の厳選が行われたものであろうが、受給年齢をどのように決めたのかは明らかではない。

さもしいのは奴隷所有者だけではない。発案者のクロディウスもそうである。元老院議員であり歴史家のカッシウス・ディオ（一五五年頃〜二三五年頃）は『ローマ史』に、「クロディウスはこうして、もし彼が元老院、騎士、民衆を説得することができれば、容易に我が意を貫くことができると予想し、さっそく穀物の無料配給に踏み切った」と記している。

このクロディウスが面白い。彼の行状を紹介しよう。クロディウスはアッピア水道やアッピア街道を造ったアッピウス・クラウディウスの末裔、名門クラウディウス一族である。すなわち血統貴族（パトリキ）なのだ。しかし、護民官には平民出身者しか就けないことが不文律であった。平民出身の新貴族（ノビレス：執政官など高位の公職経験者の家族）は護民官になることができたが、血統貴族はなれなかった。そこで彼は、平民の家に養子に入る奇策で、紀元前五八年に護民官となったのである。

これ以前の紀元前六二年には、最高神祇官であったユリウス・カエサルの家で女性だけで行う「ボナ・デア（善良なる女神）の儀式」に女装して紛れ込み、カエサルの後妻ポンペイアを誘惑しようとしたが、見つかってしまい、ローマ元老院は大騒ぎとなった。プレイボーイのカエサルは、これ幸いと、ポンペイアを離縁してしまった。カエサルの離婚の弁がふるっている。『プルタルコス英雄伝』カエサル編には、「告発者が『なぜ奥さんを離別したのか』と訊ねたところ『私の妻たるものは、いささかでも嫌疑を受ける女性であってはならないと思うからである』と述べた」と記されている。事実はどうであるか分からないが、さすがしたたかなカエサルである。

クロディウスはその後の紀元前五二年に、政敵ミロとの乱闘で殺害されてしまった。政敵のキケロは「プブリウス・クロディウスは、祖先の建造物が建ち並ぶアッピア街道で殺された。だからこそ彼の死は、いっそう嘆かわしい……。これは彼の支持者たちが、繰り返し口にする言葉である。まるであの偉大なアッピウス・クラウディウス・カクエスが道路を造ったのは、国民のためではなく、自らの子孫を殺す強盗に場所を与えるためだったというように」と、皮肉を込めて書き記している。何しろグラックスの廉価配給を批判しているぐらいであるし、雄弁家でもあるので、皮肉は得意中の得意なのである。

とにもかくにも、お騒がせな人間が無料配給制度を作ってしまったのだ。このような乱暴さから、人気取りのための無料配給を画策したのであろう。穀物の無料配給が、後世のローマ社会にとって良かったのか悪かったのか。経済の分かる理知的な人間なら、廉価配給までで止めていたであろう。穀物の無料配給が、長く続いた帝政への引き金になったとしたら、クロディウスは帝政移行への、そして長いローマの繁栄の陰の立役者かもしれない。

三二万人分の年間無料配給量は一九二〇万モディウス（一二・九万トン）となる。廉価配給の一モディウス六・三アスのほぼ倍額の一二アスが市場価格とすると、〇・五八億セステルティウス（二三〇億円相当）と莫大なものであった。この金額がどの程度のものであったのか、ローマ軍団の年間人件費と比較してみた。新保著『ローマ帝国愚帝列伝』によれば、「アウグストゥス帝の時代、軍団兵員数二八万八〇〇〇人に対して、年間の人件費は二億四七〇〇万セステルティウス」とある。軍隊人件費の四分の一程度ではあるが、莫大な費用が掛かったのは間違いない。

さらに『古代ローマを知る辞典』によれば、一五〇年頃の帝国総歳出額が八・三～九・八億セステルティウスに対して穀物の支給等が〇・四億セステルティウス（四・四パーセント）。二一五年頃は、それぞれ一四・七～一六・二億セステルティウスに対して一・四億セステルティウス（九・一パーセント）となっている。一方、総歳出額に対する軍事費の割合は七〇パーセント超となっており、パンの提供により、ローマ市民の不平不満を減らし、その結果、軍事費が削減できたと考えれば安いものである。クロディウス以降の為政者は、穀物の無料配給をやめるにやめられず、配給対象人数の削減に知恵を絞ったのである。

なぜパンの提供が共和政から帝政への引き金になったのか

グラックス兄弟が改革を考えたのは、ポエニ戦争後の領土拡大により、海外から安い食糧が大量に輸入され、このためにローマの農民が貧窮したことが大きな要因であることは述べた。首都ローマの生活の海外依存の度合いが高まると、食糧等の船舶輸送を妨害する海賊が跳梁する。その中にはローマに滅ぼされた国の兵士もいた。またローマに敵対する国々の中には、海賊を支援する国もあった。海賊は地中海の広い範囲を活動していたので、その退治には、有能な司令官が長期間広範な力を保持することが必要となる。毎年交代する二人の執政官制では機能しなくなった。ともかく広大な領土を獲得した共和政ローマにとって、海上交易路の確保が生命線となったのだ。

ポンペイウスの海賊退治

クロディウスによる無料配給の紀元前五八年より遡る紀元前六七年に、グエナウス・ポンペイウス（紀元前一〇六年～紀元前四八年）が海賊退治に登場する。共和政ローマは本気を出したのである。そのくらい人気の高い、本命ポンペイウスであった。ポンペイウスの海賊退治についての詳細は、拙著『交路からみる古代ローマ繁栄史』に記しているので、概略を述べる。

海賊跋扈《ばっこ》の状況が、『プルタルコス英雄伝』ポンペイウス編に「また彼らは、海岸という海岸で宴を張り、糸竹に興じ、あるいはローマの武将を拉致し、あるいは占拠した都市から身代金を取るなど、ローマの支配者を侮辱する振舞を数かさねた。かくして海賊船の数は千を超え、彼らに占領された都市は四百を算するに到った。それまで神聖にして不可侵のものとされていた諸神殿も、彼らに襲われて破壊された。……またある時は、緋の縁取りのあるトーガをまとった二人の法務官、セクスティリウスとペリエヌスを連行し、これとともにその手下の者、先駆警史をも伴い去った。……こうして我らの海・地中海は、すべての海賊勢力の蚕食するところなり、商船もここを航海することが全くできない有様であった」と記されている。法務官とは、共和政ローマで執政官に次ぐナンバー2。そのような高官が拉致されてしまうほどだった。

このように商船が航行できない状況では、共和政ローマの糧道が細ることとなった。このため、紀元前七五年には食糧危機が起こり、首都ローマの住民は暴動を起こして、執政官を追い回したり、元老院議員にも脅迫的態度を見せたりしている。この時代、第二次シチリア奴隷戦争(紀元前一〇四年～紀元前一〇〇年)、同盟市戦争(紀元前九一年～紀元前八八年)や、三次にわたるミトリダテス戦争(紀元前八八年～紀元前六三年)、そしてスパルタクスの反乱(紀元前七三年～紀元前七一年)等、戦乱が続き、共和政ローマは海賊討伐に本腰を入れられなかったのである。しかし紀元前六七年にローマの外港オスティアが海賊の襲撃を受けたのだ。そうなると、ローマの為政者は黙ってはいられない。そこで伝家の宝刀、ポンペイウスの起用となったのである。

彼は、ヨーロッパ、アフリカ、アジアの三大陸で抜群の軍功を挙げ、共和政ローマの領土拡大に大きな寄与をした。その結果、三度の凱旋式の挙行、さらに莫大な戦利品を首都ローマおよび市民へ寄贈したのである。ポンペイウスは、まず紀元前八二年シチリア、翌年ヌミディアを制圧。その功績により紀元前八一年、二五歳でローマにおける凱旋式を挙行した。この年齢での凱旋式挙行は、第二次ポエニ戦争の英雄、大スキピオの三四歳を大幅に上回る最年少記録であった。

その後、ヒスパニアでの反乱制圧、スパルタクスの反乱軍粉砕。これらの武勲によって、紀元前七一年、二度目の凱旋式の挙行。そして紀元前七〇年、クラッススと共に執政官に選出された。執政官を退任した後、プロコンスルとして属州総督の肩書きを持ちながら、ローマで過ごしていた。この時、海賊退治が始まる。

図3　ポントス王国・キリキアと海賊出没海域

ポンペイウスは、共和政ローマにおいて初めて王に匹敵する力を獲得した人物であった。それはローマの食糧調達を確実にするための大権であった。

紀元前六七年、地中海一帯を荒らしていた海賊征伐のため、護民官アウルス・ガビニウスは、法案を民会に提出した。『プルタルコス英雄伝』ポンペイウス編には、「それゆえ、穀物輸入の困難に悩まされ、大きな食糧不足をおそれたローマ人は、ここにポンペイウスに注意を向け、これを派遣して、海面から海賊を一掃させることにした。……彼が万人に権力を振い、しかもその責任を問われることがない、というものであった。すなわちこの決議案は、ヘラクレスの門(ジブラルタル海峡)以東の地中海全域の海岸線から四〇〇スタディオン(約七二キロメートル)以内の陸地に対する命令権を彼に賦与するもので、ローマ人の世界を大部分包含し、さらに地中海世界の最大の諸民族、最強の諸王侯をもその権能下においた。……艦艇五〇〇隻が兵員で充たされ、重装歩兵一二万、騎兵五万一〇〇〇が集められ、元老院議員のうちから二四名に及ぶ将星が彼の手で選抜され、財務官が二名おかれ彼を助けることになったのである。……まずはヒスパニア、ヌミディアやサルジニアなどの地中海西部海域の海賊を、わずか四〇日程度で討伐。続いて西部海域で征討した海賊を追って地中海東部海域へ侵攻。エジプト・エーゲ海等を制圧して、海賊の最大の根拠地であったキリキア沿岸【図3】を陥落させた。その期間は、わずか四九日間であった。その結果、捕獲した船舶四〇〇隻、撃沈した船舶一三〇〇隻、一万人以上の海賊を殺害し、降伏した海賊は二万人以上に達した」とある。王並みの権力を獲得して、海賊を討伏してしまった。陸だけでなく海に於いてもポンペイウスの軍事能力の高さを示したのだ。

ポンペイウスへの穀物供給指揮権

クロディウス法発効翌年の紀元前五七年、穀物不足と価格高騰にローマ住民は騒乱を起こし、元老院に押し掛けた。その時の様子を、キケロは「その二日間に穀物価格が劇的な高値となり、人々が最初は劇場に、次に元老院に押しかけた。穀物欠乏は私(キケロ)のせいだというクロディウスの扇動によって、大声で叫びながら」と記述している。クロディウスの無料配給に対して、段取りが追い付かなかったのだろう。さらにこれに乗じた売り惜しみが起こったのである。

この状況打開のため、執政官提案により、紀元前六七年に海賊退治をしたポンペイウスへ穀物供給指揮権(クーラ・アノーナエ)が行われた。キケロはこれを「ポンペイウスは穀物供給のために、五年間にわたって、地上の全世界に及ぶ全権を与えられる」と記している。ローマの政界が穀物供給に躍起となっている様が分かる。政務官職ではなく、ポンペイウスという一個人に絶大なる権力が、再び与えられたのである。これが共和政から帝政への引き金ともなる。すなわち毎年変わる二人制の執政官では、継続的、安定的な食糧供給が困難なことを認めたのだ。ガビニア法で三年間、クーラ・アノーナエで五年間ポンペイウスへの大権の移譲である。まさに共和政放棄なのである。「背に腹は代えられぬ」ということなのであろう。

その様子は『プルタルコス英雄伝』ポンペイウス編に以下のように記述されている。「ローマ治下の全海陸に渡る命令権を再びポンペイウスに与えるように手を打った。これによって港湾、取引所、穀物の分配など、おおよそ海運と農業のすべてがポンペイウスの手中に握られるに到った。

……ローマ市住民への穀物補給を統括する地位に立ったポンペイウスは、いたるところに武将・腹心を派遣し、また自らはシチリア、サルジニア、アフリカをめぐって穀物を集めた。……かくも盛んな意気に幸運を兼ね具えたポンペイウスは、取引所という取引所を穀物で満たし、海という海を船で満たすほどの成果を収め、やがて豊かに集められた穀物はローマ市以外の住民にも恩恵を与え、そのさまは滾滾《こんこん》と溢れ出る泉が惜しみなく万人を潤すのに似ていた」

ともかく、二度の食糧危機をポンペイウスは解決してしまった。ローマ市民にとってまさに英雄である。穀物の安定供給への強い要求が、ローマ市民に英雄待望の空気を植え付けてしまったのだ。この結果、帝政へのレールが敷かれていった。さらに後記する首都ローマ最初の石造円形劇場、ポンペイウス劇場を建設し、まさに「パンとサーカス」の具現者であった。

ユリウス・カエサルの施策

紀元前五九年、執政官カエサル【写真3】は、元老院議員の反対を押し切り、市民集会でユリウス農地法を成立させた。基本的内容はグラックスの農地法と同じであるが、グラックス法が譲渡権を認めなかったのに対し、ユリウス法は二〇年後なら認めることとした。そして、不正借用地の国への返還は無償というわけにはいかなかったので、返還保証金として、ポンペイウスがオリエント遠征で得た国庫納付金の五〇〇〇万デナリウス（八〇〇億円相当）を充てることとした。カエサル、ポンペイウス、クラックスの三頭政治の成果であった。三頭政治のもう一方の雄、クラックスは紀元前五三年にパルティアとの戦いで戦死。またポンペイウスは紀元前四八年、カエサルとのファルサロスの決戦で敗れ、エジプトに逃れたが、アレクサンドリアで殺害されてしまった。

写真3 ユリウス・カエサル彫像

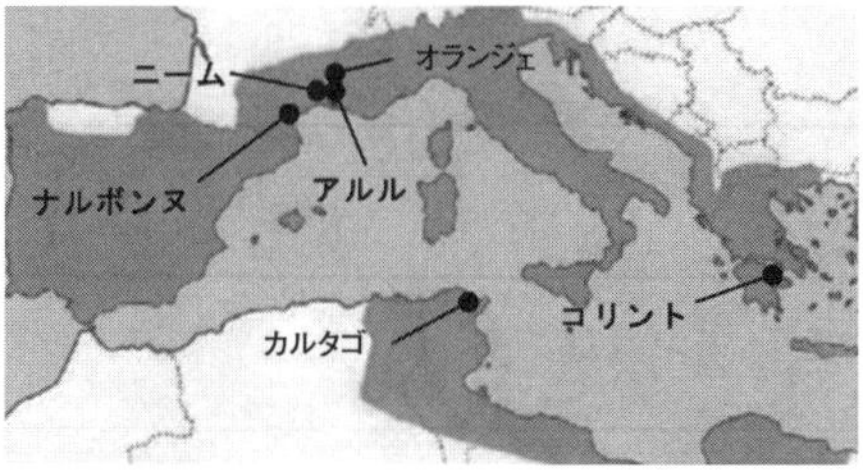

図4　紀元前46年のローマ領土とカエサルの植民市

こうなるとカエサルの天下である。紀元前四六年にカエサルは一〇年任期の独裁官として、八つの植民市を建設して退役軍人を植民させた。図4に示す、コリント、カルタゴ、アルル、ニーム、ナルボンヌ、オランジェ等である。植民市の建設については、『プルタルコス英雄伝』ポンペイウス編に、「果たしてカエサルはコンソルに当選したが、就任早々から貧窮者の機嫌をとり、植民市を建設する法案、土地を貧民に分配する法案などを提出して、コンソルの地位が有する品位を損ない、この地位を一種の護民官の地位のごとく扱った」と記されている。あまり好意的表現ではない。しかしこの植民市を大々的に建設したことが、ローマの長い繁栄の基礎となったのである。プルタルコス（四六年頃〜一二七年頃）には、それが分からなかったようである。このことについては第二章で説明する。

『ローマ皇帝伝』カエサル編には「民衆の財産査定を、従来とは調査方法も場所も違えて、通りごとに共同住宅の所有主によって実施させた。それまで三二万人もいた穀物無償受給者を一五万人に減らした。……八万人のローマ市民が海の彼方の植民地へ配分され、都の人口が減少した」と記されている。また『古代のローマ』によれば、「三〇を超える植民市に定住させた」とある。数多くの退役兵を海外に植民させ、首都ローマの無償支給の人数を減らしたのである。

ローマの植民市は、母体となる首都ローマが領土を周辺に拡大するという形態ではなく、全く異なる場所、すなわち飛び地的に新たな都市を作った。後の植民地主義とは異なり、十分の一の属州税等とは別として、ローマの植民市は独立した国家に近い形態として運営された。退役軍人等を一種の守備隊・建設部隊として征服した町に送り込み、彼らを核として植民地化するのが通例だった。

これは、退役軍人をローマに戻すと、あるいは貧しい農民を放置すると、無産人となってローマに流入し、無料受給者の数が増え、ローマの財政がパンクしてしまうことを恐れたためでる。特に不平を持った退役軍人が首都ローマに溢れたら、騒乱のもととなってしまう。退役軍人等に、自ら耕し食糧（パン）を獲得する土地を与えると共に、彼らの建設技術を生かしたのである。ローマの軍人は優秀な戦士であるとともに、街道等を自ら建設する優れた建設技術者、そしてもともと農民であった。原地住民が造っていた植民市の公共施設をより良いものにすることができた。さらに、劇場や円形闘技場等の娯楽施設や公共浴場等の癒しの施設を造ったのである。そして原住民、入植退役兵が一緒になって娯楽や癒しを享受し、町を経営することにより、植民市に一体感が生まれたのであろう。この結果、数多くの植民市が栄え、現在のヨーロッパの主要都市を形作っているのだ。まさに一石二鳥、三鳥の施策である。それらをカエサルが推進した。天才的発想である。

栄えた都市の例として、紀元前四七年に植民市となったアルルがある。アルルは紀元前六世紀頃、ギリシャ人によって創設された。それを紀元前五三五年にケルト人が占領し、街の名前を「アレラーテ（湖（池、潟）の近くの意味）とした。ローマ人は紀元前一二三年に街を支配し、街を拡張して重要な都市とした。カエサルとポンペイウスの戦いの時に、アルルはカエサルを、マッシリア（マルセイユ）はポンペイウスを応援した。カエサルが勝利し、その結果マルセイユは没落、アルルは栄えた。カエサルはアルルを拠点とした第六軍団の退役兵を植民させたのだ。したがって、町の正式名称は「the ancestral Julian colony of Arles of the soldiers of the Sixth（第六軍団の先祖伝来のアルルのユリウス植民地）」となった。アルルには、写真4のように円形劇場、円形闘技場、戦車競走場があり、さらに大型の公共浴場もある。このように、植民市といえどもローマ並みの娯楽が楽しめる、ミニローマを作ったのだ。

護民官ティベリウス・グラックスによる廉価の穀物配給は、その後の約八〇年間で、無料配給等内容の変化はあったが、民会のみならず、元老院も参画した共和政ローマの大方針になったのである。民衆派と元老院派の人気取りの政争の具に使われていた。いつの世の中でもバラマキ政策は人気があるものだ。人気に溺れ、なかなか止められない。不人気であってもバラマキに歯止めをかけたカエサルは、優れた眼力があったと言えるのである。

写真4　アルルの模型

初代皇帝アウグストゥスの施策

紀元前四四年のカエサルの暗殺で、後継者に指名されたオクタウィアヌスは、当時わずか一八歳であった。約二〇歳年上のマルクス・アントニウスと、マルクス・レピドゥスと第二次三頭政治を行う。彼は元老院を味方に付け、カエサルの暗殺者を滅ぼし、レピドゥスやアントニウスとの戦いに勝ち抜いた。そして紀元前三〇年穀倉地帯エジプトを獲得し、皇帝直轄属州とした。これにより首都ローマの穀物の調達状況が大きく変わった。紀元前二九年には「市民の第一人者」を意味するプリンケプスになり、紀元前二七年、オクタウィアヌスは、アウグストゥス（尊厳者）の称号を元老院から授けられた。彼は初代皇帝として、表向き共和政を重んじた。カエサルの千両役者ぶりに比較すると、玄人受けする渋い役者である。アウグストゥス帝【写真5】は慎重な性格で、人心掌握能力に長け、永きにわたる帝政ローマの基礎を作った。彼の思いが穀物の提供に表れているので、その施策を紹介しよう。

写真5　アウグストゥス帝彫像

アウグストゥス帝の四一年間の治世で、ローマは戦争、不作、天災ならびに投機目的のための価格高騰等、計七回もの食糧危機があった。特に紀元前二三年には、疫病と飢饉に襲われ、ローマ市民はアウグストゥス帝に強い指導力、すなわち独裁官や終身執政官になることを求めた。しかし彼はこれを拒み、翌紀元前二二年、自ら穀物供給指揮（クーラ・アノーナエ）を執り、各種の施策を実行した。

このことについてカッシウス・デオは「飢餓に追いつめられたローマ人達は……アウグストゥスを独裁官に選ぼうとして、元老院議員達を議場に閉じ込めて、この方策を支援しなければ彼らを建物ごと焼き払うと脅かした。次に彼らは、アウグストゥスに独裁官に就任すること、そしてかつてポンペイウスが行ったような食料供給のための配慮をなすことを同意するように懇願した。彼は後者をいやいや引受、毎年五年以上前に法務官を経験したものの中から二名を選んで、穀物配給の管理を行わせるようにと命じた」と記している。まさに民衆による、元老院議員や皇帝への恐喝、脅しである。そのぐらい民衆の力が強かったのである。

アウグストゥス帝の食糧政策は、食糧供給長官職の創設、穀物需給者数の制限、配給方法の整備、ローマ在住民の植民による口減らし、市民への贈与等の実施であった。ともかく四十余年にわたる長期の皇帝在位期間に、穀物の安定供給のために色々な施策をした。アウグストゥス帝の努力がよく分かるので、それらを紹介する。

・共和政期に監察官が行っていた穀物供給の任務を、紀元前二二年に法務官経験者二名の食糧供給長官に変えた。長官は食糧の徴用、運搬、配給と大きな権限を有していた。紀元前六年には大きな食糧危機が発生したので、食糧供給長官職をさらに、法務官経験者から執政官経験者に引き上げた。これはローマ水道を管理する水道長官についても同様であった。水と食料の供給を国の第一の仕事としたのである。都市市民のみならず、農民・商人をも視野に入れた供給制度の適正運用を心掛けるようになり、供給の拡大が図られた。

・穀物無料受給者の人数を二〇万人として、解放直後の解放奴隷を外した。カエサルが三二万人から一五万人に削減した受給者数を、アウグストゥス帝は二〇万人に増加させたのである。受給者基準には様々な説があり、ファン・ベルヒェムは、ローマ市民権、都市ローマ居住、都市ローマ出身を条件に挙げている。しかし財産額制限はなかったようである。したがって貧民救済よりも、従来通りの安定供給の意味合いが強いのである。

・首都ローマでは市内を一四の区画に分割し、区画ごとに配給札が配られ、それぞれ穀物の配給を受けていた。そして受給者の便を考え、配給頻度を多様化したのである。

・六年に起きた地震と洪水による食糧不足に対して、外国人（医師と教師を除く）・剣闘士・売れ残り奴隷を首都ローマから一〇〇ローマン・マイル（一四八キロメートル）以上追放。皇帝と高官たちの従者の大部分を解雇、元老院身分の者が首都ローマを離れることを許可、法廷を休廷、式典費用の削減、穀物配給の支給量の倍増等、非常時の施策をした。いわゆる口減らし政策である。そのくらい大変な食糧欠乏であった。

・紀元前二九、二四、二三、一二、五、二年の合計六回にわたり以下のお金の贈与や穀物配給を行った。

紀元前二九年に、二五万人以上のローマ市民一人当たり、カエサルの遺言で三〇〇セステルティウス、戦利品の売却で四〇〇セステルティウスを祝儀として与えた。同時に戦利品の売却で植民市の兵士約一二万人に一人当たり一〇〇〇セステルティウスを祝儀として与えた。これらを合計すると、二・九五億セステルティウス以上となる。さらに紀元前二四年に、二五万人以上のローマ市民一人当たり、四〇〇セステルティウス。合計一億セステルティウス以上である。

大きな食糧危機のあった紀元前二三年には、二五万人以上のローマ市民一人当たり、穀物を一二回配給した。一人一回五モディウス、一モディウス三セステルティウスとすると、合計〇・四五億セステルティウス以上となる。さらに紀元前一二年に二五万人以上のローマ市民一人当たり、四〇〇セステルティウスを与える。合計一億セステルティウス以上である。

紀元前五年に、三二万人のローマ市民一人当たり、二四〇セステルティウスを与える。合計〇・七七億セステルティウス以上。さらに紀元前二年、二〇万人を少し超えるローマ市民一人当たり、二四〇セステルティウスを与える。合計〇・四八億セステルティウス以上。

これらを合計すると紀元前二九年から二年までの二八年間に六回の合計で、六・六五億セステルティウス以上。一セステルティウス四〇〇円で換算すると、約二七〇〇億円となる。まさにバラマキである。表3に示すように、約一五〇年後の一五〇年頃の帝国の財政規模は、八・三～九・

八億セステルティウス。六・七億セステルティウスの数字を多いと見るか少ないと見るか。アウグストゥス帝の治世、数多くの飢饉が発生し、その対策に忙殺されたのである。

・『神君アウグストゥス業績録』によれば「私に軍人として忠誠を誓ったローマ市民は約五〇万人である。そのうち三〇万人以上の兵士を、満期除隊のあと、私は植民市へ導き、あるいは彼らの出身の自治市へ送り返した」と記している。さらに『ローマ皇帝伝』アウグストゥス編によれば「イタリアに二八の植民市を自ら率先して樹立し、その人口を増やし、多くの市に公共建築物や間接税の収入を与え、権利と品位の上でも、どうにかある程度、首都と肩を並べるまでにした」と記述して、植民により首都ローマの人口膨張を防ぐとともに、植民市の生活レベルを首都ローマ並みにした。なお『古代のローマ』によれば、「アウグストゥスはさらに大規模にカエサルの政策を継続して、約七五の植民市を属州に建設した」と記している。ここで「多くの市に公共建築物や間接税の収入を与え」が大事なのである。施設と税収を与え、運営は植民市独自でやれ、そして都市の生活水準を上げよということだ。植民市の生活が劣悪であったら、入植退役兵の不満が爆発し、騒動につながる恐れがあるからである。

カエサル、アウグストゥス帝に続く植民市建設が、首都ローマの口減らしとともに、帝国防衛の要となったのである。このことについては拙著『交路からみる古代ローマ繁栄史』に詳記しているので、参照されたい。

図5に示すスペインのメリダは、紀元前二五年にエメリタ・アウグスタの名前で作られた植民市である。アウグストゥス帝の命により、大河グアディアナ川を渡る橋を防衛するために、二つのローマ軍団「第五アラダウエ」と「第一〇ゲミナ」の退役兵が入植者となった。市内には、紀元

図5　植民市メリダのインフラ

前二四年に六〇〇〇〇人収容の円形劇場が、紀元前二〇年頃に三万人収容の戦車競走場、紀元前八年に一万六〇〇〇人収容の円形闘技場が造られた。そして三つの水道がアウグストゥス帝の時代に造られている。ともかく入植者が快適に過ごせるように、首都ローマに匹敵するインフラと娯楽施設を整えたのだ。

　メリダには円形闘技場・円形劇場やローマ橋等の遺跡が沢山あり、「メリダの考古遺産群」として世界遺産に登録されている。ここはスペインを南北に縦断する、ローマ時代の通称「銀の道」が通っている。当時、銀やワインを、セビリアを経由してローマに運ぶ街道の要衝の地であった。その地を抑えるために植民市を建設した。

　アウグストゥス帝の治世は四一年にわたり、長期間であったため、穀物の安定配給、供給のために大変な努力をしている。属州の富がなければ実行できなかったであろうが、安定した政治には、確実な食糧供給が基本との考えを持っていたのだ。

ローマ皇帝は莫大な財産と権力を持っていたが、アウグストゥス帝自身の食生活は慎ましかった。『ローマ皇帝伝』アウグストゥス編によれば「食事は……ほんのわずかしか摂らず、ほとんどありふれた食品ばかりであった。粗末なパンと雑魚と手作りの牛乳チーズ、二度なりの青いいちじくを特に好んで食べた。……葡萄酒も生まれつき、ごく少量しか飲めなかった」とある。カエサル譲りの粗食・下戸である。自らを律することができたから、確実な食糧供給の方策を立てることができたのであろう。

また同書に、「私は穀物の無償配給という公の制度を、永久に廃止したい衝動を覚えた。なぜなら、これに依存して畑の耕作が放棄されるからだ。しかしこの衝動を持続できなかった。いずれまた民衆の好意を得るために復活されることは間違いないと確信したからである」と記されている。独裁官スッラは穀物の廉価配給を停止した。しかしアウグストゥス帝が思い留まったのは、独裁者でなく、第一人者（プリンケプス）として、帝政を持続させるための政治的思惑があったためであろう。ともかく食糧確保が、平常時の皇帝のローマ市民に対する第一の責務と自覚していた。その思いがあったから帝政ローマが五〇〇年も存続したのであろう。

なぜ、アウグストゥス帝は穀物供給を熱心に進めたのだろうか。それは、同時代の詩人ウェルギリウス（紀元前七〇年～紀元前一九年）による、英雄アエネアスの遍歴を描いた『叙事詩アエネーイス（アエネアスの物語）』の中にも語られている、「敗者同化政策」が鍵ではないだろうか。アエネアスは木馬の策により落城したトロイの王子で、トロイを落ち延び、遍歴して漂着したのがローマ近くの海岸であったとの伝説がある。ローマ建国者のロムルスは、アエネアスの末裔と言われている。アエネアスは、アポロンの巫女シビラの導きにより冥界を訪れ、亡父アンキセスの霊にめぐり会う。その時アンキセスは以下のように語った。「ローマ人よ、汝はもろもろの民を支配することを忘れてはならぬ。汝はそのすべを知るであろう。汝は平和に法を与え、降りし者を寛大に遇し、おごれる者を懲らしめたる者たることを記憶せよ」。ここで、「降りし者を寛大に遇し」とは、敗者同化政策に他ならない。これが支配の天才といわれるローマの政策である。この著作は敗者同化が古代ローマ創成期から行われていた国是であると、アエネアスに語らせているのである。

「降りし者」は同時に、支配者や主人に従順な者とも解釈できる。そうするとパトロムス(保護者)とクリエンテス(被保護者)の親分子分の関係、あるいは、皇帝、上級公職者や富裕者が人々に施しを提供するエヴェルジェティズム(施恵)が説明できるのである。

第二代皇帝ティベリウス(在位一四年～三七年)

一九年、ティベリウス帝は、物価が高騰したため最高価格を設定し、一モディウス当たり八アスの補償金を海運業者へ支払い、穀物の海上輸送を確実なものとした。三二年にはさらに物価が上昇し、民衆はティベリウス帝に抗議し、劇場などで数日にわたって荒れ狂い、今にも暴動が発生しそうになった。タキトゥスの『年代記』ティベリウス編では「イタリアは海外領の援助なくしては、生きていけないということ、ローマ国民の生命が、毎日不安な海上輸送と暴風雨のまえにぐらついているということである。そして将来、もし属州の豊富な資源が、主人や奴隷や耕地の需要に応じられなくなった時、我々を守ってくれるのは、果して我々の庭園であり、我々の別荘であるのだろうか」という、ティベリウスから元老院への書簡を紹介している。ティベリウス帝も食糧確保に躍起となっているのが分かる。二代目皇帝ということで、アウグストゥス帝の苦労が良く分かっていたのであろう。

第三代皇帝カリグラ（在位三七年〜四一年）

賢帝は続かないものである。カリグラ帝は、ローマ帝国のトップを飾る悪帝である。そして、暗殺された皇帝の第一号でもある。我が楽しみのためには、食料供給の義務などお構いなしの皇帝であった。三九年の夏には、穀物運搬用の商船等を大量に徴発し、プテオリとバーイエの間に総延長一〇キロメートルの舟橋を造って、ローマに食糧危機をもたらしたり、娯楽への莫大な浪費をしたりした。四一年の暗殺時にはローマ市の穀物の貯蔵は八日間分しかなかったといわれている。

第四代皇帝クラウディウス（在位四一年〜五四年）

クラウディウス帝は、食糧確保のため色々な施策を行った。まずテヴェレ川河口のオステアにクラウディウス港および穀物倉庫を建設。フキヌス湖の干拓による食糧増産。さらに通常は航行しない冬季の航海を船主に強要して食糧不足を乗り切った。五一年の食糧不足では、公共広場で怒った民衆に取り囲まれ、親衛隊が救い出した。その状況は『ローマ皇帝伝』クラウディウス編に「凶作が続き、食糧事情が逼迫したある日のこと、クラウディウスは中央広場の真ん中で群衆に押しとめられ、罵詈雑言とともに、パン屑も浴びせられ、やっとのことで、しかも裏門を通って初めてパラティウムに難を避けることができたほどである。それ以来、クラウディウスは冬季においてすら、食糧を輸入するためにあらゆる手段を講じた。例えば、輸入商人に、万一暴風雨のため何か事故があると、自分が損害を肩代わりし、一定の儲けを保証した。そして貨物船を建造する者にも、それぞれ身分や境遇に応じ、多くの恩典を定めた。つまりローマ市民ならパピウス・ポッパエウス法の適用を免除し、ラティウム人ならば、ローマ市民権を与え、婦人には四人の子持ちの特権を与えた」と記されている。彼はパンの提供のみならず、サーカスの提供にも一生懸命であった。

第一三代皇帝トラヤヌス（在位九八年〜一一七年）

九九年にナイル川が渇水し、穀倉地エジプトは不作で飢饉となった。このためトラヤヌス帝は、ローマの備蓄を取り崩し、エジプトに逆輸送している。それとともに、テヴェレ川からの堆積物で港の機能が低下したクラウディウス港の内側に、トラヤヌス港を建設した。

アウグストゥス、ティベリウス、クラウディウス帝と、飢饉の時には皇帝すらローマ市民に脅かされているのである。皇帝は、首都ローマの食糧、すなわち生産と輸送を確実にするため奔走しなければならなかった。

ところで、為政者が走り回って食糧確保をした古代ローマと、泰平の世が続いた江戸時代を比較してみるとどうだろうか。例えば、一〇万人以上の栄養不足による死者や餓死者を出したと言われる元禄大飢饉（一六九一年〜一六九五年）。時の将軍は、「犬公方」と称された五代徳川綱吉である。「生類憐みの令」で、お犬様対策に食費等で年間九・八万両（九八億円相当）、犬小屋の建設費等で四・四万両相当という巨額の費用を使ったという記録がある。飢餓対策よりも、お犬様対策が優先されたようである。どうも江戸将軍職は、ローマ皇帝職よりだいぶ楽なようである。

属州の食糧配給政策

ここまで首都ローマの穀物配給政策について述べた。では、共和政、帝政ローマ時代の属州の穀物配給はどのようになっていたのだろうか。首都ローマほど資料が残っていないので不明なことが多いが、以下に紹介する。

属州には首都ローマより派遣された総督はいたが、古代ローマの支配体制は、大部分は各都市の自主的な行政、財政に委ねることが基本であった。したがって、政治システムや食糧配給についても各都市に任されてはいたが、ローマの元老院等の政治システムに倣っていた。例えばポンペイでは都市参事会、二人委員と造営官等があった。ローマの元老院議員資格の最低資産は、一〇〇万セステルティウスであった。一方、ポンペイでは、元老院議員に相当する都市参事会議員資格は一〇万セステルティウスと、十分の一になっていた。執政官に相当する二人委員は都市参事会委員より選ばれ、裁判、都市参事会や市民総会の招集、財政問題の処理、五年ごとの人口調査の実施や市民名簿の改定等を行う。造営委員は、建築物を管理、公共浴場管理、穀物供給の配慮、市場の監察、見世物の興行統括、法令公示等、治安警察を行い、一般市民から選ばれていた。穀物供給の配慮は造営官の仕事であった。造営官経験者は都市参事会委員になれた。

では属州総督は何をするのだろうか。元老院属州のシチリアにはキケロの『ウェレス弾劾演説』の記録があるので紹介する。シチリア属州総督は、執政官に次ぐ法務官相当職で、元老院で指名されていた。総督の仕事は、民間徴税人に請負で任せる徴税、各都市間の訴訟調停、裁判（どちらかの都市の裁判官を抽選で選ばせる）等であり、仕事量は少なかった。このため、総督の配下の役人は、二名の財務官と数名の副官で事足りた。総督、財務官は名誉職ということで無給。これが問題であった。すなわち名誉だけでは飯は食えない。そこで民間徴税人とグルとなり、利益を貪る総督が多数出現したのだ。

その代表例が、紀元前七三年～紀元前七一年までシチリア総督を務めたウェレスである。紀元前七〇年、ウェレスに対して、キケロが訴追人となり、訴追裁判「返還請求の裁判(不当に奪われた金品の弁済請求)」が行われた。キケロは『ウェレス弾劾演説』の中でウェレスの悪事を明らかにし、「多くのローマ人、多くの盟邦国民、多くの町々、多くの国々が見守るのは、ただ一人、総督の顔色であり、総督には護民官もおらず、文句を言う同僚もなく、元老院もなければ、民会もない」と語っている。それほど、属州総督は大きな力を持っていたのだ。

総督の搾取を抑えるために、初代皇帝アウグストゥスは、元老院属州でも財務官は皇帝指名として、総督の暴政を抑制する措置を取った。しかし義父カエサルが、自身の借金の返済のため、属州総督に就いた際に暴政をしたのである。『プルタルコス英雄伝』カエサル編によれば「カエサルは……属州の一つヒスパニアを統治領域として引き受けたが、その出発を妨げようとして非難の声を上げる債権者の問題を自分で始末しきれそうになかったので、クラックスにすがりついた。クラックスはローマ人の内で一番の金持ちであったが……債権者の中で最も強硬で情け容赦しない人たちの要求を引き受けて、八三〇タラントン(八八億円相当)の保証をしてくれたので、カエサルはそれでやっと自分の属州に出発したのである(紀元前六一年)……(紀元前六〇年)カエサルは属州を後にしたが、その時には彼自身も金持ちになり、また、兵士たちも遠征により利益を得させて、彼らからはインペラトルの称号で呼ばれるようになっていた」とある。属州総督の権限で戦争を仕掛け、戦利品を借金返済に充てたとのことである。一個人が八三〇タラントンを借りることも、またそれを保証する人間がいたことも凄い。戦争とはいえ、その金額を一年で私有できる総督の権限も凄いのである。キケロの言葉を証明するように、属州総督の権限は強大であった。

ポンペイでは、造営官が穀物供給の配慮の担当政務官であった。穀物の廉価販売、あるいは無料配給は定期的に行われたのだろうか。数多く残る落書きから推測すると、恐らく定期配給はなかった。七三年の二人委員候補、すなわちその前の造営官経験者、ポリュビウスへの落書きには「C・ユリウス・ポリュビウスを造営委員として選出してくれるように、私は要望する。彼はおいしいパンを与えてくれる」とある。もし、定期配給制度が確立されていれば、このように個人名を記す必要はないであろう。

古代ローマの属州支配の考え方は、安全保障の代償として、収穫物に対して十分の一税を徴収し、一朝事が起これればローマが対応するとの考え方である。皇帝の住むローマは一〇〇万人の人口を持つ。皇帝は皇帝属州を持ち、その収穫や、多くの属州税収があった。一方、ローマの自治市は、穀物配給を常時できる財源があったわけでなく、飢饉の時や選挙目当てに有力者が支給していたのではないだろうか。したがって、定常的な穀物の廉価や無償配給は首都ローマだけであったようだ。

では、属州等が飢饉に瀕した時にはどのように対処をしたのか。前記したように、トラヤヌス帝は、九九年に穀倉地エジプトが飢饉となったため、ローマの備蓄を取り崩し、エジプトに逆輸送している。また一六代皇帝マルクス・アウレリウス（在位一六一年～一八〇年）の時代に、飢饉に陥った都市ユリア・コンコルディアはローマに援助を依頼した。ローマはガイウス・アントニヌスを派遣し、市の財政を立て直すとともに、ローマから食糧輸入を実施。この功績により彼は、同市のパトロンとして顕彰されている。このように、飢饉の時には皇帝が救いの手を差し伸べていたようだ。すなわちエヴェルジェティズム（施恵）の発露であろう。

ローマ人の食生活

首都ローマ市民は、廉価販売または無料で穀物を得ることができた。それによって、どの程度豊かな食生活が可能であったのか。まず、ローマ人の食事内容はどのようであったのだろうか。

都市における最貧の人々は、挽いた穀物と水を混ぜて作る粥（プルス）を食べていた。地方では野菜・チーズや肉を入れていたようだ。一方、七九年に噴火で埋もれたポンペイの町には、ローマ世界ではやっと二世紀に広まったパン屋が三四軒も確認されており、ポンペイの発展ぶりが分かる。パン屋【図6】は、製粉、パン焼き、販売を一手にやっていた。軍隊の食事は、基本献立は穀物、ベーコン、チーズ、野菜、酸っぱいワイン等だったようだ。

エティエンヌ著『ポンペイ・奇跡の町』によれば、ポンペイの中流家庭と考えられる市民（親子三人と奴隷一人）の家計簿の一部が残されていた【表2】。毎日パンを買い、オリーブ、チーズ、ソーセージ、野菜、小魚、ワイン程度はあったようだ。現代ほどではないが、それほど悪くはなかったのではないだろうか。その九日間の家計簿から、主食と副食の費用等の全体像を算出するのは若干無謀であるが、試算してみた。主食：副食＝〇・三：〇・七、一人・一日当たりの食費は約六アス、パン代は一・八アスとなる。一人・一日当たり食費六アスとすると、四人家族で年間二一九〇セステルティウス必要となる。アウグストゥス帝の時代、軍団兵の給料は、年間九〇〇セステルティウスである。そうすると、このポンペイの家族はかなり豊かな食生活を送っていたことに

1日	パン8、チーズ1、オリーブ油3、ワイン3	15
2日	パン8、オリーブ油5、ワイン2、玉葱5、粥椀1、奴隷用パン2	23
3日	パン8、セモリナ麦3、奴隷用パン4	15
4日	パン8、チーズ2、ワイン2、勝利のためのワイン16	28
5日	パン2、チーズ2、柔らかいチーズ4、オリーブ油7、フクセリス(?)16、フェミニヌム(女性用のパン?)8、スペルト穀物16、ブレッラ(きゅうり?)1、ナツメヤシの実1、香1、腸詰1	59
6日	パン4、チーズ4、オリーブ油25、山のセルワト(?)17、ボロ葱1	46
7日	パン2、奴隷用パン2	4
8日	大型パン2、ボロ葱1、奴隷用パン2	5
9日	パン2、大型パン2、オリーブ油5、からす麦3、勝利のための小魚2	14
計	209アス(内、パン:64アス)。1日1人当たり食費5.8アス(内パン代:1.8アス)	

表2　ポンペイの一家族の家計簿(単位アス)

なる。

また、穀物の摂取量は一人一月当たり二・五モディウス。一モディウス一二アス(三セステルティウス)と仮定すると、一人一日当たり穀物代は一アスとなる。この比較ではパンは穀物を製粉、焼くことから、穀物の約二倍高いことがわかる。計算から、一人一日当たりの食費は六アスと仮定すると、四人家族で、二人の穀物の無料受給資格者がいたとして、穀物代相当の一アスは節約できるが、その他で一人一日当たり五アスが必要である。したがって「パンとサーカス」で穀物が無料配給されたとしても、食費のたかだか六分の一が節約できる程度であり、配給を受けたローマ市民は働かなくてもよいということにはならない。なかなかうまい話はないのである。

一方、金持ちや皇帝の食卓はどうだったかというと、ネロ帝(在位五四年〜六八年)の時代の補助執政官も務めた享楽家のペテロニウスが書いた悪漢小説『サテュリコン』の一部、青柳著『トリマルキオの饗宴』に、解放奴隷で金持ちのトリマルキオの宴会風景が描写されている。ケシの実をまぶした蜂蜜漬けのヤマネ、孔雀の卵に似せた穀物粉で作った殻の中に卵黄をまぶしたツグミ肉、鶏と豚の乳房、猪の丸焼の腹の中に生きたツグミ、伊勢海老、カルタゴ産の新鮮なザクロ・イチジク等々、山海珍味【図7】が出てくる。カキや幾種類かの魚はすでに養殖されており、随分

図6　パン屋と発掘された焼焦げたパン、石臼とパン焼き窯

図7　海産物や鳥類等の食材のモザイク画

と贅沢であったのだ。古代ローマでは、貧富の差が大きく、食卓の内容は著しく異なるが、飢死するようなことはなかったようである。

　穀物の無料支給は家計に劇的な効果をもたらしたわけではない。ではなぜ「パンとサーカス」と「パン」の無料配給が強調されたのだろうか。ローマ市民は人々から名誉を重んじられ、自らも名誉を重んじることを大切にしていた。共和政時代のマリウスの軍制改革までは、市民皆兵制であり、軍に参加することは名誉であった。市民でなくても、補助兵として二五年間兵役を務めれば、名誉あるローマ市民になれた。後記するが、アウグストゥス帝は市民にトーガの着用を求めている。トーガはローマ市民しか着用できないのである。穀物の配給場には、受給を受ける市民とそれを運搬する奴隷が、エリート意識を丸出しにして列をなしていたのであろう。風刺詩人のユウェナリスは、配給場に並ぶローマ市民のエリート意識を風刺したのではないだろうか。

第二章
帝国内の見世物施設の分布

ユウェナリスの言った「パンとサーカス」の「サーカス」は、本来は戦車競走のことである。古代ローマの人々の娯楽は、神々に捧げた歌舞演劇、葬礼の際に行われた剣闘士闘技や戦車競走が主に挙げられる。この他に、皇帝等が戦勝記念や建設工事の完成を祝って人工池で行った大規模な模擬海戦がある。これらすべてがサーカスに含まれる。

C・フリーマンは、「ローマの都では、大きな祝祭日が日々の生活の上に規則性をもたらしていた。……総じて一年間に約一三〇日以上あった……これらの祭りのうち約半分は、種々の競技や見世物で祝われた」と記している。一三〇日以上の祝祭日は、征服した多くの国々の神様を受け入れたためであろう。一三〇日間の数字は、現在、日本の週休二日と、年間一六日間ある祝日を足し合わせた数を上回る。祝祭日をすべて休日としたら生活が成り立つのかと、疑問に思ってしまう。ともかく、古代ローマ人が遊び好きであったことは間違いないようだ。

緒言で記したように、ローマの住宅事情は非常に悪く、大多数の人々はインスラという雑居の高層アパートに居住し、二階以上は劣悪な居住環境であった。多くの自由時間をどう過ごすのか。

昼間には、薄暗い自宅にいるわけにもいかず、戸外に出て行かざるを得ないのだ。無料で楽しめる見世物や、廉価な公共浴場で時間を潰すことができなかったら、人々はどうしたであろうか。そしてローマ帝国はどのようになっていたのかと思う。

このため為政者は人々に娯楽を提供しなければ、「小人閑居して不善をなす」と考えたのではないだろうか。すなわち暴動や反乱である。そうならないように、為政者は、住民の遊びまで考えたのだろう。

これら娯楽や公共浴場での入浴の歴史は古く、演劇や戦車競走は王政ローマの初期から行われていた。剣闘士闘技は紀元前三世紀頃から、模擬海戦は、紀元前四六年にカエサルが始めたと言われている。古代の日本では、神々に捧げた神楽や相撲がこれらに相当する。第二章から第六章では「サーカス」、すなわち演劇、剣闘士闘技、戦車競走、そして模擬海戦がなぜ庶民に提供されたのか、さらに第七章で娯楽と癒しを提供した公共浴場での入浴について説明する。

帝国内の見世物施設の分布

まず、古代ローマでこれらの見世物がどの程度人気があったのかを推測した。二〇〇〇年も前のことなので、文献の種類や数、信憑性の問題があるため、古文献で探ることは困難である。そこで、これらの演劇や競技が行われた場所の数を調査して、人気の程度を推し量った。それが『Ancient Hellenistic and Roman Amphitheatres, Stadiums,and Theatres The Way They Look Now』から作成した図8の「最大版図時のローマ帝国領土とサーカス施設（円形劇場・円形闘技場・戦車競走場）の分布図」である。

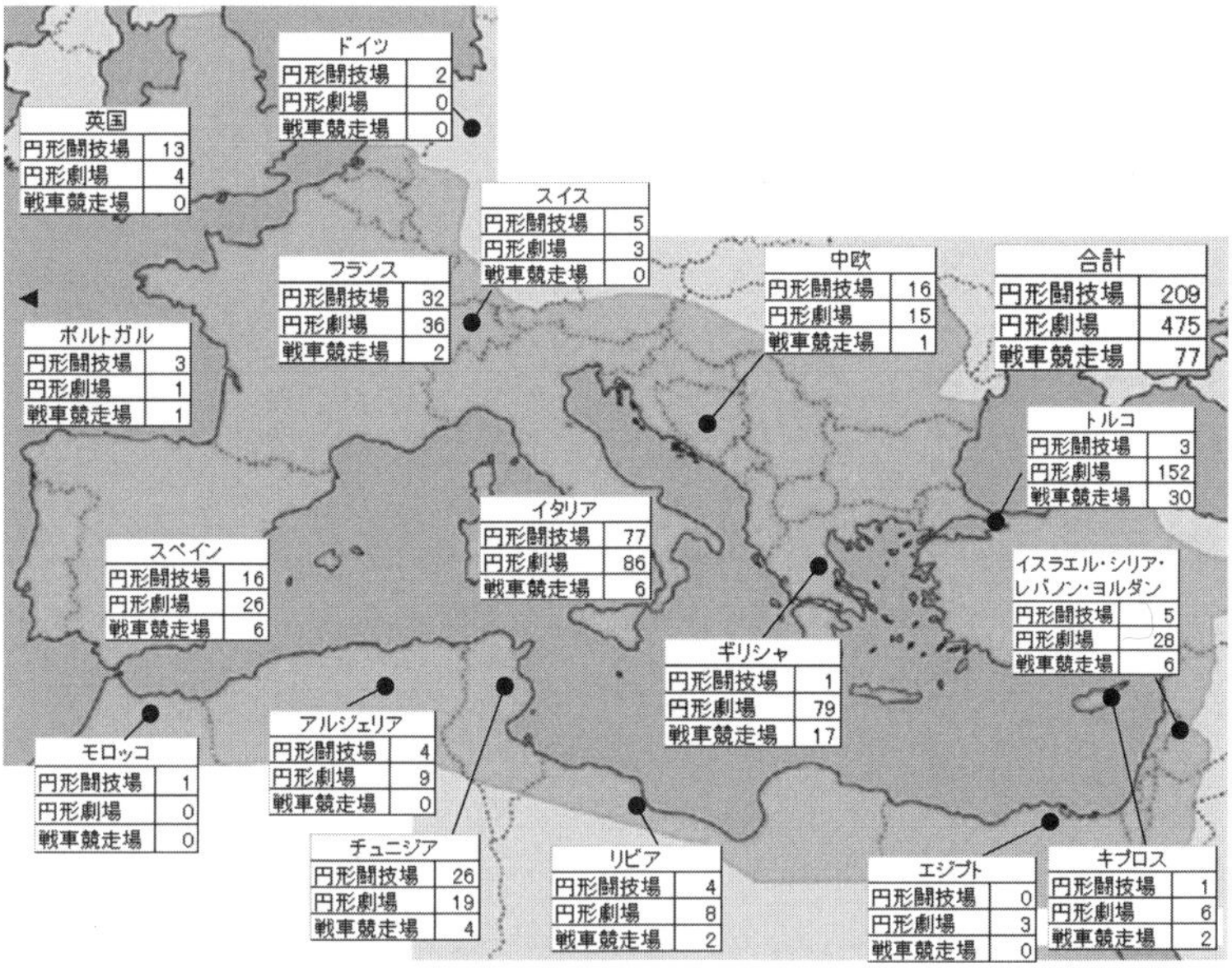

図8　サーカス施設（円形劇場・円形闘技場・戦車競走場）の分布図（紀元106年の領土。劇場等施設はThe Way They Look Nowによる）

この図によると、ローマ帝国内には円形闘技場（剣闘士闘技場）が二〇九ヶ所以上、円形劇場は四七五ヶ所以上、サーカス（戦車競走場。スタディアムを含む）は七七ヶ所以上あった。イタリア国内では円形闘技場が七七ヶ所以上、円形劇場は八六ヶ所以上、戦車競走場は六ヶ所以上。「以上」と書いたのは、同書でも未発掘や、取り上げられていない施設が存在しているからである。さらにそれぞれの施設は、規模が大きく違うものが混在している。例えば円形闘技場では、コロッセオのように五万人収容のものから、英国では数千人収容の小規模の闘技場もある。円形劇場も、トルコ・エフェソスの二万四〇〇〇人収容の大規模のものから、ポンペイのオデオンの数百人収容の小規模のものまで含まれる。さらに首都ローマの戦車競走場には、収容人数一五万人のキルクス・マクシムスから、収容人数三万人のドミティアヌスのスタディアムまである。一施設当たりの収容人数の多い順に並べると、戦車競走場、円形闘技場、円形劇場である。

したがって、これらの娯楽の人気の程度を推し量るには、本来、施設の数量のみならず、収容人数も考慮しなければならない。しかし収容人数まで推測するのは困難なので、ここでは施設の数だけで評価した。

図8によれば、円形劇場の数は円形闘技場の二倍以上ある。さらに戦車競走場の数は、円形劇場の六分の一以下。地域的には、オーストリアやルーマニア等の中欧から西は、円形闘技場と円形劇場の数が拮抗している。ギリシャ・トルコでは圧倒的に円形劇場が多い。古代ギリシャとその植民地の影響であろう。アフリカでは、チュニジアで円形闘技場の数が多く、戦車競走場はギリシャ・トルコに多い。

この結果を見ると、ユウェナリスがなぜ、娯楽の筆頭に戦車競走を取り上げたのだろうかと考えてしまう。しかし首都ローマに着目すると、二世紀には円形闘技場が二ヶ所、円形劇場が三ヶ所、戦車競走場が四ヶ所あった。意外に戦車競走場の数が多かったのである。ユウェナリスは首都ローマの戦車競技場の数が多いこと、つまりローマ市住民に人気の高かった戦車競走を、娯楽の代表「サーカス」として取り上げたのだ。

なぜ巨額の出費をいとわず、演劇・剣闘士闘技等の見世物や公共浴場を提供したのか

為政者が見世物や公共浴場を提供した理由は、第一に、人々が見世物に熱中したり公共浴場で心と体を休めることにより、政治に対する不平不満が少なくなると期待できること。第二には、為政者がそれらの施設を提供するお金があったことに尽きるであろう。

まず、第一の理由について検討してみた。古代ローマの為政者は、人々が見世物や公共浴場に

夢中になるほど平和ならば、反乱・内乱は起きず、金の掛かる軍事費を増大させなくても広大な領土を守れると考えた。娯楽に掛かる費用と、軍事費のバランスである。

表3「ローマ帝国の歳出の推移」に示すように、一五〇年頃の総歳出八・三〜九・八億セステルティウスに対して、軍事費が六・四〜七・〇億セステルティウス、公共事業費等＋その他が〇・七〜一・六億セステルティウスである。軍事費比率が七〇パーセント。公共事業費＋その他が、全額サーカスの開催や公共浴場の運営関連に充てられたのではないが、その比率は一三パーセントである。ちなみに穀物の支給等が九パーセントである。

費用項目	150年頃	215年頃
軍事費	6.43〜7.04	11.27〜11.88(73.7%)
文官への給与等	0.75	0.75(4.6%)
穀物の支給等	0.44	1.4(8.7%)
公共事業費等	0.2〜0.6	0.2〜0.6(3.7)
その他	0.5〜1.0	1.0〜1.5(9.3%)
合計	8.32〜9.83	14.62〜16.13

表3　ローマ帝国の歳出の推移(単位:億セステルティウス。『古代ローマを知る辞典』より)

ともかく軍事比率が圧倒的に高いのである。パンとサーカス、そして公共浴場で二二パーセントはちょっと低すぎるとも思われるが、これで七〇パーセントに上る軍事費の増大を抑えられるのなら安いものだったのではないだろうか。ここで考慮しなければならないのは、道路・水道そして見世物や公共浴場施設の建設や修繕に、軍団兵が関与したことである。戦争等で忙しくない時期に、訓練代わりに建設工事を行ったと想定できる。これらの費用は軍事費に計上されている。

なぜ、古代ローマ人は、演劇・剣闘士競技・戦車競走等の見世物を観劇・観戦したり、出演・出場したりすることが大好きであったのだろうか。そのためには、それらへの参加の動機付けと、人々が夢中になるほどの面白さが必要であった。

古代の娯楽、祭礼の催し物や競技会等に、一般市民が参加することが多かった。神々に収穫等を感謝して捧げた歌舞演劇、葬礼の際に行われた剣闘士闘技や戦車競走が主に挙げられる。この事例が、古代ギリシャで行われていた豊穣・酒・酩酊を司る神、ディオニュソスの祭りに捧げられた歌舞演劇。ゼウスに捧げられた、オリンピックでのレスリングや競走。さらに、古代ローマの葬礼で捧げられた剣闘士闘技や戦車競走である。すなわち神や祖先と結び付いていた。神や祖先を大事にする古代ローマ人は、必然的にこれらに参加したのである。

古来からの収穫の感謝祭は一年に一度。オリンピックの祭典は四年に一度であった。それが帝政期には、祝祭日が年間一三〇日以上にもなったのである。人々を見世物に振り向かせなければ、よからぬ企みを立てる恐れもある。為政者は、参加無料で、食べ物の心配が少なければ、人々が娯楽や癒しにうつつを抜かすであろうと考え、資金が続く限り、大規模に、頻繁に開催したのであろう。

数多くの人々を見世物に参加させるには、一〇年一日のごとく同じ出し物では駄目である。さらに面白くなければばと趣向を凝らした。例えば一対一の剣闘士闘技から剣闘士の集団戦、野獣対剣闘士、模擬攻城戦等までと、大規模に開催した。さらに、首都ローマ等の夏は暑いので、涼しい夜間だけ開催というわけにはいかない。観客が快適に過ごせるように、円形劇場や円形闘技場の屋上に覆いのカーテン(天幕)を張った。コロッセオを例に取ると、長径一八八メートル、短径一五六メートルもある。そのような大空間を布で覆うということは、想像を絶する技術力が必要である。そこまでして人々を楽しませようとしたのだ。そうすれば、よきローマ帝国、偉大な皇帝となる。見世物に加えてさらに公共浴場である。

見世物や入浴に時間を費やす人々が増え、「パンとサーカス」の状態となった。こうなれば為政者の思惑通り、「しめたもの」である。不平不満からの騒動や反乱の恐れが少なくなり、軍事費の増大を防ぐことができたのだ。

財源的にはどうだったのであろうか。演劇や剣闘士闘技等のサーカスの開催と、公共浴場の運営には非常にお金が掛かる。施設建設費、さらに開催費や運営費と莫大なものである。ポンペイウス劇場はポンペイウス、マルケルス劇場はアウグストゥス帝、植民市メリダの劇場や円形闘技場はアウグストゥス帝の右腕であったアグリッパ、コロッセオはウェスパシアヌス帝と権力者が建設した。一方、繁栄した港町プテオリの円形闘技場のように、町が独力で造ったものもある。建設費の調達方法は色々とあった。また、首都ローマの公共浴場は、アグリッパ、ネロ帝、トラヤヌス帝、カラカラ帝等により建設された。

図8に示したサーカス施設の多くは、ローマの植民市に建設されている。『ローマ皇帝伝』アウグストゥス編には、「イタリアに二八の植民市を自ら率先して樹立し、その人口を増やし、多くの市に公共建築物や間接税の収入を与え、権利と品位の上でも、どうにかある程度、首都と肩を並べるまでにした」とある。この「多くの市に公共建築物や間接税の収入を与え」とは、どのような意味なのだろうか。

アウグストゥス帝が作った植民市メリダについて、間接税の観点から説明しよう。劇場・円形闘技場はアグリッパが建設した。すなわち施設建設は帝国が行ったのである。さらにアウグストゥス帝は、関税等の間接税の徴収権を与えた。メリダは、「銀の道」の重要な中継地点であった。「銀の道」とは、大河グアダルキビル川の河港市セビリアに始まり、イベリア半島を北上・縦断してビスケー湾に面した町、ヒホンで終る全長八〇〇キロメートルのローマ街道。スペイン北部で採掘された金・銀などの鉱物やワイン・オリーブ油等を、ローマへの積出港であるセビリアへ運ぶ交易道路として使用されていた。

間接税とは、メリダを通る物資の関税や人の通行税である。メリダには大河グアディアナ川が流れ、長大なローマ橋が架かっており、関所が設けられていた。銀の道を通る大量の物資や通行人からの関税は、多額なものであったと想定できる。メリダでも首都ローマ並みにサーカスを楽しめるように、間接税等を元にして、その運営費の一部を捻出したのであろう。植民市の多くは、街道、海道、河道の要衝に位置し、関税を取るのに最適な場所にあったのである。

いずれにしろ、植民市の生活が劣悪であったら、入植退役兵の不満が爆発し、騒動や反乱につながる恐れがある。ともかく植民市の生活を楽しくしなければならない。このためサーカスや公共浴場等公共施設建設費の多くの部分を皇帝等が拠出したり、サーカスや公共浴場等の運営費の財源の一部として間接税の徴収権を与えたりしたのであろう。賢い政策である。

植民市促進政策が正しかったのかを検証するために、クサンテン市作成のトラヤヌス帝時代の植民市位置図と、ネロ帝治世の六八年時の軍団基地位置図を合成し、図9の植民市と軍団位置図を作成した。植民市数一五四、軍団数二九である。軍団の位置及び構成は、時代により大きく変化をしている。さらに植民市と軍団基地の表示の時代は五〇年程度異なる。また現在の国境と、帝政ローマ時代の属州境は異なる。したがって厳密な比較は困難であるが、植民市と帝国防衛の考え方、その成果は大略は分かるのである。

同図に示すように、植民市の多いスペイン・ポルトガル・フランス・アフリカ（除エジプト）・トルコ・ギリシャは防衛上優等生である。軍団基地はスペイン・フランス・チュニジアに各一ヶ所しかない。一方、強敵であるゲルマン部族に対する、ライン・ドナウ川防衛ライン沿いに、植民

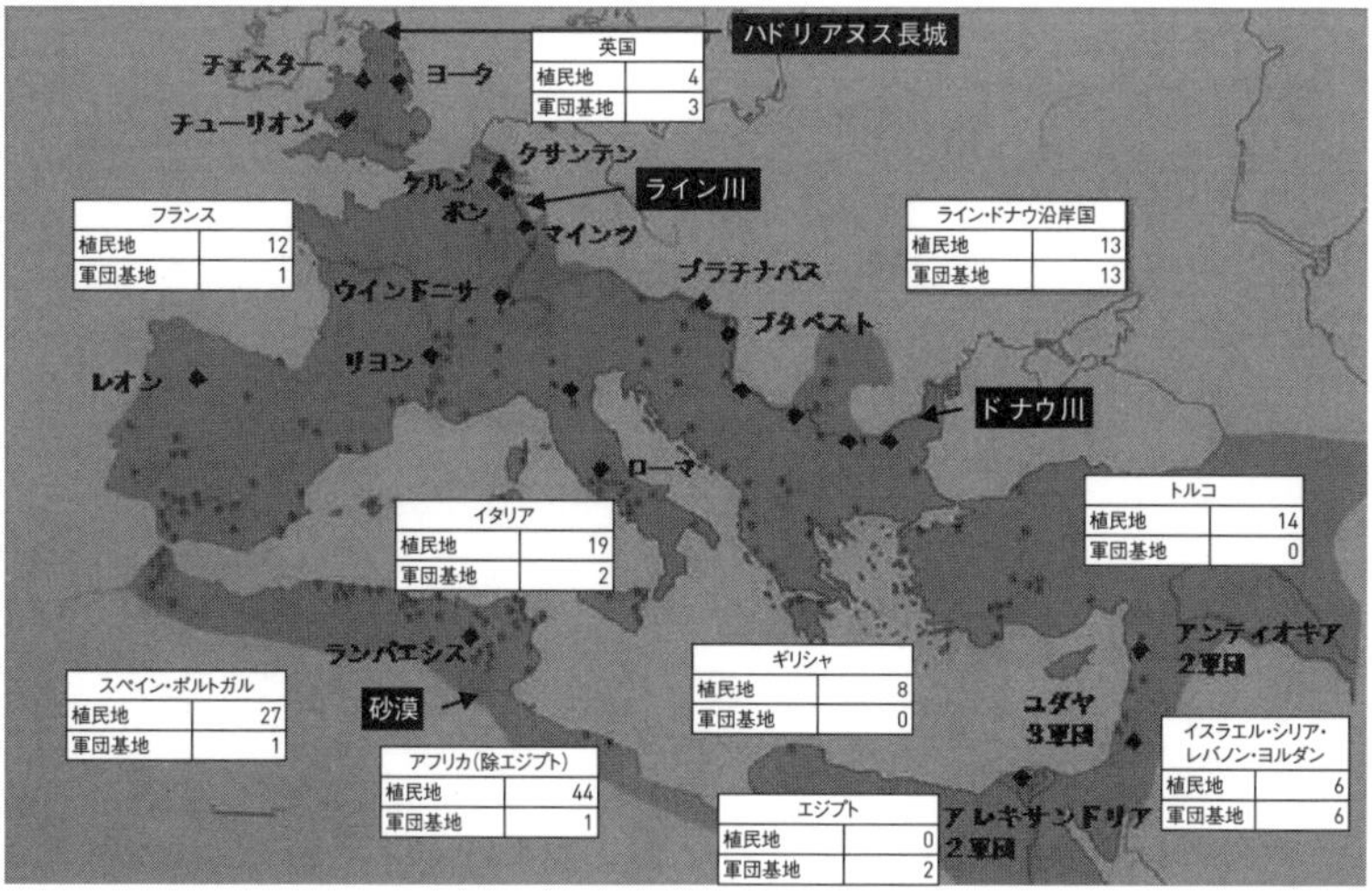

図9　ローマ帝国内の植民市(トラヤヌス治世)と軍団基地(68年頃)の位置図

市一三に対して一三軍団。パルティア国やユダヤに対するシリア・イスラエル地帯に、植民市六に対して六軍団。勇猛なブリタンニア部族に対する英国に、植民市四に対して三軍団。そして穀倉地エジプトを守るアレクサンドリアに二軍団、ローマ駐屯の近衛軍団を含めてイタリアに二軍団。合計二九軍団がローマ帝国防衛の要である。植民市の多いところは軍団基地が少なく、植民市の少ないところは軍団基地が多い。植民市政策が効果を発揮していたのである。

戦争や内乱の鎮圧は非常にお金が掛かる。例えばカエサルが現在のフランスに当たるガリアを征服するのに八年もの歳月が掛かった。中でも紀元前五二年のアレシアの戦いは激戦となり、カエサル指揮のローマ軍は一二軍団（歩兵六万人等諸説あり）を擁して、苦労の末、要害都市アレシアを包囲殲滅した。帝国内で大規模な戦争が起きれば、大軍を使用しなければならず、莫大な軍事費が掛かってしまう。そこで、多少の費用は掛かるが、植民市をたくさん作り、防衛の要とする。そのためには、入植者や住民に不平不満を持たせない政策の方が良いと考えたのであろう。その政策の一つに、サーカスと公共浴場の提供があった。そのおかげで、帝政期五〇〇年間、広大な領土を三〇軍団・三〇万人の軍団兵で維持できたのである。

第三章
古代ローマの演劇と円形劇場

ローマ皇帝の中には、自らが出演するという演劇好きもいた。その代表例が、第五代皇帝のネロである。彼は演劇に夢中になり、イタリア各地やギリシャまで演劇団を引き連れ、コンクールに出演した。六八年の反乱の際には「世界は優れた芸術家を失うのだ」と言って自死したほどである。また首都ローマには、コロッセオのモデルとも言われる、収容人数一万二〇〇〇人のポンペイウス劇場も含めて三つの石造りの壮麗な劇場があり、頻繁に演劇が開催されていた。帝国内には四七五ヶ所以上の劇場があったのだ。それほど古代ローマ人は演劇が大好きであった。

ローマ帝国の領土内に造られた劇場の数は、図8でわかるように、トルコやギリシャ、イスラエル・シリア・レバノン等に多い。これらの地域は古代ギリシャの勢力圏であり、ギリシャの影響を受けて建設されたのである。それを示すように、古代ギリシャの影響圏外の英国・ドイツ・ポルトガル等では円形劇場の数は少ない。

古代ローマ文明は、歴史的・地理的関係から、古代ギリシャや、エトルリア等の影響を受けている。演劇についても同様である。この章ではまず、古代ローマの演劇を理解するために、これらの演劇がどのような歴史を持ち、どのような内容であったのかを紹介する。ローマ劇場の中には、現在世界最大のオペラハウスの収容人数を上回る、一万人を超える観客を収容できるものも珍しくはない。そうすると、オペラグラスや電気的な音響装置もない時代に、観客はどのように演劇を観たり聴いたりしたのであろうかという疑問が湧く。そこで、円形劇場の規模や設備がどのようなものであったのか、また、主催者である皇帝達は、どのように演劇を楽しんだのか、観客はどのような評価をしたのかも紹介する。

古代ローマの演劇の由来

演劇とは、神々を喜ばせたり、死者の霊を慰めたりすることから発生した歌舞である。その状況は時代や地域で異なっている。古代ギリシャも、古代ローマも都市国家から発生し、発展した国家である。ギリシャあるいはローマ演劇とひとくくりにしても、様々な都市国家の演劇が入り混じり、そして進化しているので、明瞭な区分は非常に困難である。そのような状況ではあるが、まずギリシャの演劇、続いてローマの演劇について概説する。

ギリシャの演劇は、悲劇の上演から始まった。ギリシャ悲劇は、酒神ディオニュソスへの熱狂的賛歌・物語であるディテュランボスから発展し、ディオニュソスの祭りで演じられた。どこの国でも歌舞演劇は神に捧げるもの、すなわち神々を喜ばせることが発端である。特にギリシャは、酒の神ということであり、しかも酒神は、喜劇ではなく悲劇を好んだとは面白い。日本では、神様は人々が悲しむことより、喜ぶことを好むのではないだろうかと思うのだが、古代ギリシャでは違っていた。一方、我が国の演劇は、天の岩戸や海彦山彦伝説からの歌舞が演劇の始まりとの説はあるが、明確ではなく、酒の神様に捧げたものでもない。京都の松尾神社、出雲の三輪神社等に酒の神様がいるが、大々的に祀ってはいない。酒神が古代ギリシャやヨーロッパほど敬われてはいないのだ。このあたりが、ヨーロッパ人に比較して、日本人が下戸である理由なのかもしれない。

ギリシャ演劇

ギリシャ演劇（悲劇）の始まりは、紀元前六世紀の詩人テスピスが主人公を演じたものが最初だと伝えられている。そして紀元前五世紀に全盛を迎えた。この一〇〇年間に一〇〇〇本以上の悲劇が書かれ、作家として『縛られたプロメテウス』や『アガメムノン』を書いたアイスキュロス（紀元前五二五年〜紀元前四五六年）、『オイディプス王』を書いたソフォクレス（紀元前四九六年〜紀元前四〇六年）、『ヘラクレス』や『トロイアの女』『タウリケのイピゲネイア』を書いたエウリピデス（紀元前四八〇年〜紀元前四〇六年）が有名である。ゲーテの『タウリス島のイフィゲーニエ』は、エウリピデスの作にヒントを得て書いた戯曲。

ギリシャ悲劇は厳格な様式を持ち、登場人物の会話の場面と、舞踊合唱隊（コロス）の歌唱の場面が交互に展開する。様式とは、一場面に三人以上登場しないことである。俳優は、テスピス作品の時は一人、アイスキュロス作品の時は二人、ソフォクレス作品の時は三人となる。俳優は男性で仮面を被り、かかとの高いブーツを履く。舞踊合唱隊は五〇人程度で、図12に示すオルケストラと呼ばれる場所で歌い踊った。

物語はほとんどが神話や伝説に題材を取り、人間の運命や個人の行動がもたらす不幸などを扱う。劇場での演目は、コンテストの審査によって選ばれた三人の詩人の作品であった。その三人は、悲劇三部作と、神々や神話を笑い飛ばす下品なサテュロス劇を提出しなければならなかった。ちなみにサテュロス劇とは、ディオニュソスの従者サテュロスが登場する、合唱を伴う滑稽劇。悲劇と滑稽劇の共演とは面白いことである。

ギリシャでは、喜劇は紀元前五世紀半ばに上演されるようになった。作家としては、アリストファネス(紀元前四四八年~紀元前三八〇年)およびメナンドロス(紀元前三四二年~紀元前二九二年)が有名である。アリストファネスらの喜劇は、政治批判、社会風刺を特徴として、「古喜劇」と呼ばれている。一方、メナンドロスの喜劇では、人々の日常生活の愚かさが滑稽に描かれており、行方不明の子供たち、親子の関係、晩婚などが取り上げられていて、「新喜劇」と称す。これらの喜劇は現在のコメディと似ていて、登場人物は、けちな父親や意地悪な継母といった人物である。登場人物の数は、悲劇のような制限はなかった。「古喜劇」から「新喜劇」への転換は、マケドニアのアレキサンダー大王、及びその父のフィリップス二世の時代に政治風刺を許さなくなったためと言われている。

ローマ演劇

一方、ローマ演劇の起源は、神々を喜ばせるために、仮面音楽劇を演じ、祝祭日に神々の像を持って行進したことが始まりである。祭祀や有力者の葬儀の余興として演じられた。ローマでの最初の劇場娯楽は、『古代ローマ建国史』を著したリウィウス(紀元前五九年頃~一七年)によれば、紀元前三六四年にペストが猛威をふるい、神々の怒りを鎮めるために、エトルリア人の舞踏家が招かれた時に行われたとのことである。現代のパントマイムに近いものであった。この時代の台本は残っていないが、その発展形がアンドロニクスによる風刺劇である。ちなみにパントマイムの語源は、「全てを真似る人」「役者」を意味する古典ギリシャ語の「pantomimos」である。

紀元前二四〇年に、ルキウス・リウィウス・アンドロニクスが、パントマイムを取り入れた風刺劇（サトゥーラ）を演じた。これがローマ演劇の始まりと言われ、彼は、「古代ローマの劇作家の父」と称されている。ローマの演劇は基本的に祭りの余興として行われ、ギリシャのディオニュソス信仰のように宗教的な要素は少ない。

紀元前二四〇年に始まったユピテル祭、紀元前二〇四年に始まったアポロン祭、紀元前一九四年に始まった大地母神キュベテ祭等の際に演劇が行われた。共和政の時代、首都ローマでの演劇上演回数は、小林著『ローマ喜劇』によると、年間二五～三〇日程度だったようだ。役者はこれだけでは生活を支えられないので、劇団は地方巡業をしたり、有力者の葬儀で演じたりしたのであろう。

ローマの演劇のうち、喜劇は、プラウトゥス（紀元前二五四年頃～紀元前一八四年頃）とテレンティウス（紀元前一八四年頃～紀元前一五九年頃）の作品が残っている。プラウトゥスが活躍したのは第二次ポエニ戦争（紀元前二一八年～紀元前二〇一年）の頃で、ハンニバルにイタリア本土を一六年間も蹂躙された時代であった。ローマにとっての暗い時代を笑い飛ばそうという時代背景があった。このことからも、ローマ人の遊び好きや心の余裕がうかがえる。これが日本だったら、どうであったのだろうか。元寇の国難の時に、京都や鎌倉でそれを笑い飛ばすような喜劇が演じられただろうか。

彼らの作品は、ギリシャの新喜劇を手本にしており、ローマを舞台にすると行政官の監視がう

写真6　プルチネッラ人形

るさいため、多くの場合、ギリシャに舞台を設定している。したがって、ギリシャ人が登場人物であり、彼らの着用したマントの名前から、パリウム劇とも呼ばれる。ギリシャ喜劇との大きな違いは、ローマ喜劇が合唱隊を取り入れなかったことである。彼ら以降、ローマ喜劇は衰退に向かう。だが、それに代わって、固有のローマ喜劇とでも呼ぶべきもの、アテルラナ劇（仮面即興劇）が人気を伸ばした。

アテルラナ劇は、ナポリとカプアの中間に位置する古代都市アテルラに起源を持つといわれる笑劇で、紀元前三九一年にローマで演じられたと言われている。もともとは、旅回りの一座によって演じられていたようだ。間抜けな老人パップス、物知りの奴隷ドゥセンヌス、大食で好色なマックスというキャラクターによって演じられた。

独裁官スッラもアテルラナ劇の台本を数作書いたと言われている。また、初代皇帝アウグストゥスは悲劇『アイアス』を残している。演劇の台本だけでなく、カエサルは『ガリア戦記』『内乱記』、クラウディウス帝は『エトルリア史』『カルタゴ史』、ハドリアヌス帝は『さまよえる魂』等の詩作、「哲人皇帝」と称されたマルクス・アウレリウス帝は『自省録』を書いている。ともかくこの時代の指導者は著作が得意なのだ。戦争、治世、そして創作。たまたまスーパーマンが続出したのか、著作ができるようでなければ一人前と見なされなかったのか。

アテルラナ劇は、後のコメディア・デラルテに近い即興的形式が見られる。これは仮面を使用する即興演劇の一形態で、一六世紀中頃にイタリア北部で生まれ、現在も各地で上演され続けて

写真7　ナポリピッツァ協会の認定店

写真8　ミモス劇の人形

いる。この劇にはプルチネッラ【写真6】という道化が登場。

余談であるが、ナポリピッツァ協会に認定された店舗には、プルチネッラがピッツァを焼いている看板【写真7】が掲げられている。ピッツァはナポリが発祥の地ということもあり、総じて美味い。特にナポリ地方特産のモッツァレラチーズを使った、ピッツァ・マルゲリータは絶品である。イタリア国旗は、赤・白・緑色の三色旗である。トマトの赤、チーズの白、バジルの緑が国旗の色を表し、一九世紀後半にナポリを訪れたイタリア王国の王妃マルゲリータに捧げられたとの話がある。

ローマ劇場では、アテルラナ劇だけでなくミモス劇（物真似狂言）【写真8】と呼ばれる、音楽、踊り、コーラスをたっぷり盛り込んだ劇も盛んだった。不倫、変装しての逃亡、泥棒など、日常生活の卑俗な主題から笑いを引き出した。役者は仮面を付けず、素顔だった。これがさらに進んで、台詞をほとんど省略し、身振りと踊り、さらに歌によって情景を表現しようとする、パントマイムに発展した。古代から伝わる仮面劇から、パントマイムが創造されたのである。

ローマ悲劇は、紀元前三世紀のナエウィウス、エンニウスに始まり、紀元前二世紀のアッキウスに終わると言われている。これらは多くの場合、ギリシャの模倣だったが、ローマのテーマもあった。合唱隊はあったが、劇場構造から、彼らはオルケストラには留まらず、一段高い舞台の上に立った。それによって、大掛かりな群衆として舞台を埋めることができるようになり、スペクタクルの要素がきわめて豊富だった。

写真9　演劇モザイク画（ナポリ国立考古学博物館）

ローマ演劇の遺物として、数多くのモザイク画が残っている。その中には、写真9左のように、舞台裏で俳優一座が待機し、悲劇の上演に向けた衣装合わせや打ち合わせを行っている場面がある。モザイク画の中央には「アウロス」と呼ばれる縦笛を吹く男性の姿が、その下には悲劇俳優が上演中に嵌めていた「悲劇用の仮面」が描かれている。また写真9右に、二人の女性が呪術師に相談しているポンペイのキケロの別荘のモザイク画がある。

後にローマの人々は、通常の演劇では飽き足らなくなり、スペクタクルの要素を求めるようになる。ハリウッド映画が3Dを駆使して、派手な映画で隆盛を得ているように。こうなると、劇場では手狭となり、ローマ悲劇の舞台は、劇場から公園や円形闘技場へと移る。大規模な円形闘技場は、軍隊にまるごと戦闘を演じさせることすらできた。模擬合戦を行わせ、後には実際に戦闘も行われた。

これが、クラウディウス帝によるブリタンニアの都市攻略の模擬戦である。また、火事や殺戮までも見世物の対象になった。また性行為が舞台で実際に行われたり、殺戮の場面では死刑囚が用いられたりした。

このような退廃的、残酷趣味がローマ人特有のものかというと、違うのである。それ以前のギリシャの都市国家コリントでも、獣姦が見世物になったりしていた。演劇はもともと神々との交わりである。したがって魔術的魅惑の世界であり、日常の道徳的規範からはずれたものでもあった。その結果、残虐性とともに、富や奇跡を誇示することがよく行われたのだ。現代のわれわれの感覚では、ちょっと考えられない世界があった。

後に、異教の神々を許さない、そして質素を旨としたキリスト教が国教となると、必然的に演劇は衰退の道をたどるようになった。退廃のためにローマ演劇が衰退したのではない。ローマの公共浴場が衰退したのと同じ理由である。キリスト教によるこれらの文化の衰退が、その後の世界にとって、果たして良かったのか悪かったのか。

劇場

写真10　シラクーサのギリシャ劇場

都市国家シラクーサは、紀元前二一二年にローマ軍に敗れ、後に属州シチリアの首都となった。シラクーサには、紀元前五世紀に石造りのギリシャ劇場が造られ、属州になってからも演劇が上演されていた。また紀元前八九年、ローマのスッラ軍によって植民都市となったポンペイには、紀元前二～三世紀に造られた円形劇場があり、こちらも同様に演劇を上演。これらは首都ローマ以外の土地である。

シチリア島シラクーサのギリシャ劇場

紀元前四八九年、都市国家シラクーサは、都市国家カルタゴとのヒメラの戦いでの勝利を記念し、円形劇場を建設した。現在では写真10のように、舞台部分の構造物は基礎のみを残して消失。直径一三八メートル、座席の列は六七段。他のギリシャ劇場同様に谷地形に建設され、海に向かって開けている。

シラクーサは「浮体の原理」を発見したアルキメデス(紀元前二八七年?~紀元前二一二年)の故郷である。あまり知られていないが、晩年、第二次ポエニ戦争ではシラクーサの軍事技師として活躍し、投石機を使い来襲するローマ軍に大石を正確に打ち込んだり、クレーンを使用して押寄せるローマ軍船を吊上げ転覆させたりと大活躍した。このためシラクーサの籠城軍は一年間持ちこたえたという。しかし、守護神アルテミスの祭りに市民が酒と遊戯に浸るとの情報を得たマルケルルスが、兵士を夜陰に乗じ、侵入・陥落させ、アルキメデスはローマ兵に殺されてしまった。

首都ローマの初期の円形劇場

ローマにおいて、演劇の上演はどうであったのか。第三次マケドニア戦争の司令官で、二度執政官にもなったルキウス・パウルス・マケドニクス(紀元前二二九年~紀元前一六〇年)の葬儀には、作家テレンティウスの喜劇、二人の老人が人生観や子供の教育方針を巡って対立し和解するという演目「兄弟」が上演されたほど、共和政ローマの上流階級でも演劇は好まれていた。しかしながら、首都ローマの常設の石造り劇場は、紀元前五五年に完成したポンペイウス劇場まで待たなければならなかった。

恒久的な石造りの劇場が属州や植民都市にあって、なぜ首都ローマには長い間造られなかったのか。そして共和政末期以降になると、なぜ多数の劇場が各地に造られるようになったのか。

ポンペイウス劇場の建設まで、首都ローマには、上演ごとに組立て、解体する木造の劇場しかなかった。それは、質実剛健を旨とするローマ人が、ギリシャ人の演劇趣向を、軟弱なものとして軽蔑していたためである。特に、座席に座って演劇や剣闘士闘技を見るということは、ローマ人の精神を軟弱にすると、禁止していたのだ。したがって、仮小屋で立見の演劇ばかりだったというわけである。その理由は、勢力を誇った都市国家アテナイが、ペロポネソス戦争(紀元前四三一年〜紀元前四〇四年)で都市国家スパルタに敗北し、その後、衰退の一途をたどったからである。古代ローマ人は、アテナイ衰退の理由を、「劇場で座って演劇を見るような軟弱な人間性が原因である」と考えていたのだ。紀元前一五四年、パラティウムの丘の斜面を利用して着工された石造りの劇場の建設は、執政官スピキオ・ナシカによって、ローマ市民に有害であるとの理由で中止させられた。古代ローマの執政官は、首都ローマの人々に随分と厳しく、観劇するのも大変であったのだ。

紀元前一四六年、執政官ルキウス・ムンミウスが率いたローマ軍は、アカイア戦争に勝利し、現在のギリシャ、ペロポネソス半島に位置する都市国家コリントを破壊した。翌紀元前一四五年にその勝利を祝い、ローマに座席付きの木造の劇場を造った。これが首都ローマで初めての常設劇場である。設計にあたり、ムンミウスはコリントの劇場を真似たと言われている。コリントの劇場には、俳優の声や音楽が遠くまで伝わるように青銅製の共鳴器が配備されていた。その共鳴器をムンミウスが略奪したとのことである。これ以前の紀元前一七九年、一七四年にも常設の劇場建設が試みられたが、中止されている。木造は良いが、石造りの劇場はまだ禁止であった。

シラクーサやポンペイは、既存の座席付き石造りの劇場の使用を禁じられたわけではない。首都ローマだけが厳しかったのだ。首都ローマの政策を、属州諸都市等には押し付けてはいない。

ともかくローマの統治手法は、首都ローマと、属州では違うのである。このことは、パンの配給が首都ローマでは定期的に行われたのに対して、属州諸都市ではそうでなかったということに似ている。

図10　ポンペイウス劇場モデル図（日除け天幕の有（右）、無（左））

ポンペイウス劇場

ポンペイウス劇場は、大ポンペイウスが二度目の執政官に就任した紀元前六一年に着工し、紀元前五五年に完成した、ローマ初の常設の石造劇場である。

『プルタルコス英雄伝』ポンペイウス編に、なぜ常設劇場を造ったかという理由が記されている。紀元前六三年に、黒海南岸、ポントス王国のミトリダテス六世の自死で、第三次ミトリダテス戦争が終結した。その戦争支援のお礼参りで訪れたギリシャのレスボス島、ミテュレネで、「伝統である歌合せも参観したが、その時の歌題は、彼の業績のみに限られていた。この時、歌合せの行われた劇場が彼の意にかない、彼はローマ市内にこれと類似の形で規模と壮麗さにおいて、これに勝るものを作らせようとして、その外観とプランを書き写させしめた」ということだ。

ポンペイウスは、元老院の反対を避けるために、図10のように、劇場の観客席最上部にポンペイウス家の守護神ウェヌス・ウィクトリクス（ヴィーナス神）の神殿を設け、劇場全体を神域とした。ウェヌスへ捧げるという目的を前面に出し、常設の石造り劇場の建設を成し遂げたのである。観客の座席は、神殿への階段に見立てられた。古代ローマは多神教である。ポンペイウス家の守護神を大々的に祀っても問題はなかったのだろう。うまいアイデアである。同図に示すように、ポンペイウス劇場には、日除けの天幕が張られた。

ポンペイウスは、第三次ミトリダテス戦争の勝利を祝い、紀元前六二年に盛大な凱旋式を行った。国家の税収入がそれまで年額五〇〇〇万デナリウス（八〇〇億円相当）であったのを、三五〇〇万デナリウス付加したり、国庫に二万タラント（二一三四億円相当）をもたらしたり、兵士一人当たり最低一五〇〇デナリウス（二四〇万円相当）を賞与で与えた。そのぐらいの大戦勝将軍であったので、私費で劇場を造ることなどわけもなかったのだろう。一説に、独裁官を目指した市民の人気取りのための建設とも言われている。いずれにしても、当代随一の実力者ポンペイウスの計画に、元老院は逆らえなかったのではないだろうか。

この劇場は、幅約九五メートルの舞台を持ち、観客席の直径は約一四〇メートル。収容人員は一万二〇〇〇人にも及んだ。ポンペイウスが財力を注いだだけのことはある。威容さゆえに、「大理石劇場」「大劇場」とも呼ばれた。演劇の他に、集会等の多目的に使われたようである。『プルタルコス英雄伝』ポンペイウス編には「劇場を民衆に公開し、その奉献式には体育や音楽の催物を行い、猛獣の演技を見せた。その折に五〇〇頭のライオンが殺され、わけても象の戦いは壮絶な光景を展開した」と記されている。劇場も闘技場と同じような奉献の儀式を行うようである。しかし、劇場で平らになっているオルケストラ（舞台前面の合唱・舞踏隊が演じる場所）の部分は、闘技場のように広くはない。どのように野獣狩りをしたのだろうかとの疑問が湧く。舞台後方のポンペイウス回廊では、紀元前四四年にカエサルの暗殺が行われた。政敵ポンペイウスの作品（劇場）の中での死、何か因縁めくものを感じる。

ポンペイウス劇場は幾度となく火災を受け、損傷した。中世には一部が城砦にもなった。劇場に使用された石材は他の教会等に転用され、石切り場同然になってしまった。例えば外壁のトラバーチン(石灰華)は、四世紀末に建設されたセント・ロレンツォ教会に使われた後、ナボーナ広場とカンポ・ディ・フィオーレ広場の間に位置するカンチェッレリア宮の外装に使用された。ここは、一四八九〜一五一三年にラファエレ・リアリオ枢機卿が金に糸目を付けずに建設したルネッサンス建築の傑作と言われ、現在は法王庁の尚書院となっている。バチカンの威力であろう。そしてポンペイウス劇場は、カンポ・ディ・フィオーレ広場南の町並みの下に埋もれてしまった。
ともかく、ムンミウスにしろ、ポンペイウスにしろ、ギリシャの演劇及び、それを上演する劇場の素晴らしさに魅せられ、それを真似した。古代ローマ人の「良いものは真似る」という精神を実践している。

ポンペイウス劇場は、後に建設されたマルケルス劇場等のモデルとなった。コロッセオはマルケルス劇場の模倣だと言われているので、ポンペイウス劇場はローマの劇場、闘技場のお手本ともいえる建物である。

ポンペイウス劇場は「大理石劇場」と呼ばれていたが、劇場の外壁はトラバーチンであったと記録されている。大理石とトラバーチンにはどのような違いがあるのか。

トラバーチン(英:travertine)は、温泉、鉱泉、あるいは地下水中より生じた石灰質堆積岩で、緻密、多孔質、縞状など、多様な構造を持つ。温泉沈殿物や鍾乳洞内の鍾乳石類、あるいは石灰分の多い河川沈殿物などで、総称して石灰華といわれる。ローマの東、約二五キロメートルのテヴォリが産地である。ここはハドリアヌス帝の別荘、ヴィラ・アドリアーナがあることでも有名である。トラバーチンはその当時、「lapis tiburtinus」、すなわち「ティブルの石」と呼ばれ、ここからトラバーチンへと変化した。良質のものは、トラバーチン大理石と呼ぶこともある。一方、大理石は石灰岩が熱変成作用を受けてできた変成岩である。ミケランジェロがピエタやダビデ他の彫刻で使用した白大理石は、斜塔で有名なピサの近傍、カラーラが産地である。ローマから二六〇キロメートルほどの距離にある。ここから大量の大理石を運ぶことは考えられない。したがってアウグストゥス帝は大理石の都でなく、トラバーチンの都と言うのが正解であったのだ。しかしアウグストゥス帝の時代、大理石とトラバーチンの区別はなかったのであろう。

マルケルス劇場

マルケルス劇場は、カエサルにより整地され、アウグストゥス帝によって完成したローマで二番目の石造り、そして現存する劇場である。カエサルによる整地は色々な説があり、当初はカピトリウムの丘に、のちにアウグストゥス帝により土地替えがあったとも言われている。凝灰岩やコンクリートの外側を白いトラバーチンで覆っている。場所はテヴェレ川に沿ったアポロ神殿の隣地。アポロ神を讃える演劇が、少なくとも紀元前一七九年から行われていた場所を選定したのだ。紀元前二二年にアウグストゥス帝により建設が開始され、ローマ建国七五〇年の紀元前一七年には未完成であるが、部分的に演劇が行われた。紀元前一三年に本格的に使用が開始され、翌紀元前一二年に正式に完成した。若くして世を去った甥のマルケルスに捧げられたために、マルケルス劇場と呼ばれている。アウグストゥス帝は彼を養子にし、後を託そうとしたが、紀元前二三年に亡くなってしまったのである。

マルケルス劇場の模型【写真11】、及び断面図【図11】、外観【写真24】を示す。三階部分は再建されている

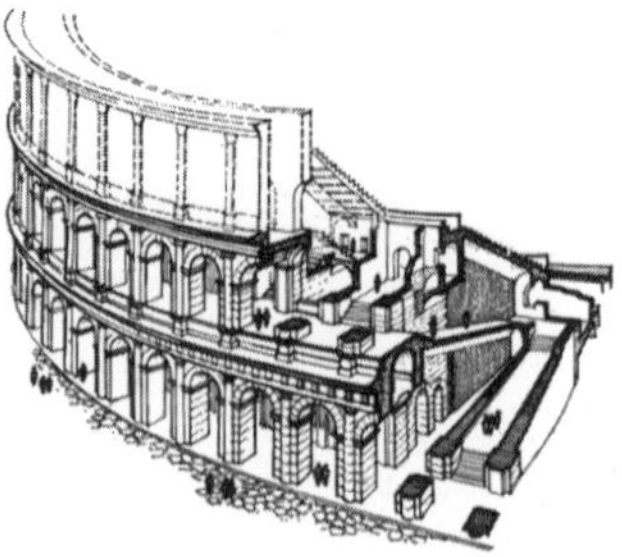

図11　マルケルス劇場鳥瞰図

写真11　マルケス劇場模型（ローマ文明史博物館）

ので、断面画には描かれていない。これらから分かるように、アーチ構造を多用し、後記するコロッセオと同じ構造形式である。本来ならポンペイウス劇場がコロッセオのお手本だが、今は消滅してしまっているので、マルケルス劇場が、約六〇年後に建設されたコロッセオのお手本だと言われている。

外壁の四一基のアーチは、一階はドリス式、二階はイオニア式、三階はコリント式の半円状の付柱によって縁取られていた。直径約一三〇メートル、高さ三二メートル（五〇メートルとの説もある）、収容人員は立見席を入れて一万五〇〇〇人であった。舞台の石壁は幅三七メートルで、多くの円柱と彫像で装飾されていた。柱の装飾形式は、下から見ていくと、年代の古いものから新しくなるにつれ、質素なものから華美なものへと変化している。このような装飾を意識した配列は、初めての試みであった。四世紀後半に、劇場から約二〇〇メートル離れたテヴェレ川のテベリーナ島に架かるチェスティオ橋を修復するために、一部が破壊されて持ち去られた。三三〇年にコンスタンティノープルへの遷都があり、首都ローマの地位が低下し、劇場の整備より、インフラの補修が重要となったのであろう。ローマ帝国崩壊後、廃墟となり、要塞や、建築材料の供給の場、住居などになった。現在、最上階はアパートに再建されている。

紀元前一三年には、コルネリウス・バルブスによって首都ローマに三つ目の劇場となる収容人数七〇〇〇人のバルブス劇場が建設された。しかし劇場は焼失し、現在は、その跡地にはローマ国立クリュプタ・バルビ（バルブス）博物館が建っている。

写真12に示すように、ポンペイウス、マルケルス、バルブス劇場があるマルスの野は、テヴェレ川の氾濫原で、共和政中期までは荒れ野原であった。すなわちテヴェレ(ティベリス)川の蛇行により作られた堆積地であり、住居は少なかった。そのため、六代目の王セルウィウス(在位紀元前五七九年頃~紀元前五三五年)が造ったとされる城壁の中には入っていない。しかしこの城壁は、近年の研究で紀元前三七〇年頃に造られたと改訂されている。共和政ローマの中期までは、放牧や軍事訓練を行う場所として用いられ、「マルス(軍神)の野」と名付けられた。都市ローマが拡大するにつれて、施設建設のための土地が不足するようになった。マルスの野も次第に開発が進み、劇場や神殿等の多くの公共施設が造られた。マルスの野は、テヴェレ川の堆積原であったため、地盤が悪く、そのため、古代ローマ人は大型構造物の基礎工事に大変な努力を傾けている。

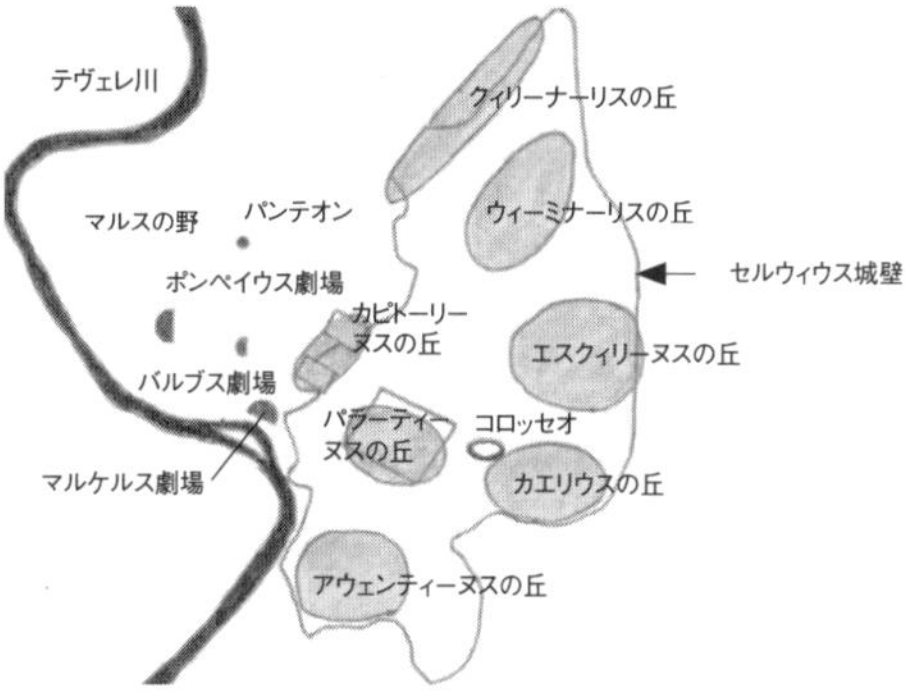

写真12　劇場とマルスの野の位置図

写真13　オランジェのローマ劇場（左）と日除天幕用帆柱の受架台（右）

マルケルス劇場の基礎は、良質地盤まで木杭を打ち、石積のアーチと柱で構成している。低湿地に造られたコロッセオは、地盤を六メートル掘り下げ、高さ一二メートル、幅三一メートルの楕円形のコンクリート基礎【図16】である。また、ハドリアヌス帝によりマルスの野に再建されたパンテオンは、直径四三・五メートルという現存する世界最大の無筋コンクリートドームである。これも基礎は高さ四・七メートル、幅一〇・二メートルのドーナツ形のコンクリート基礎がある。ともかく古代ローマ人は、見えない基礎部分にも多大な労力を注いでいる。そのために地震国イタリアで二〇〇〇年も残ったのだ。古代ローマ人の技術力には敬服するばかりである。

オランジェのローマ劇場

オランジェは、南フランスのリヨンとアルルを結ぶアグリッパ街道にあり、凱旋門もある重要な植民都市であった。ローマ劇場【写真13】は、一世紀、アウグストゥス帝の治世下で建造された。保存状態が非常に良く、最も美しいローマ劇場と言われている。ただし平地ではなく、山の斜面に造られており、周囲の山の緑と円形劇場の薄茶色が良く調和しているのである。収容人数は一万人程度。四世紀には劇場は放棄されて廃墟となったが、中世には防衛拠点としても用いられた。舞台の背景にある装飾壁の高さは三六メートルで、中央にアウグストゥス帝の彫像が飾られている。さらに舞台の両脇は三階建ての大きな構造物である。舞台背面には日除天幕用帆柱の受架台が今も残っている。

現在の劇場との比較

ローマ時代の演劇と、ギリシャ悲劇が発祥と言われるオペラとでは、内容も違うし、観客層も大変違う。ローマの演劇は、皇帝から奴隷まで、誰もが無料で鑑賞することができた。一方、現代のオペラは、入場料金が高く、比較的裕福な人々が正装して鑑賞している。したがって正確な比較は困難であるが、国内外の最大規模の劇場と収容人数を比較すると、以下のようになる。

世界最大の劇場はニューヨークのメトロポリタン歌劇場で、客席数は三八〇〇。立見席が一九五である。日本最大は、宝塚大劇場の客席数二五五〇。渋谷文化村のオーチャードホールは客席数二一五〇。オペラ専用の国立第二劇場は、座席数一八一四。ちなみにコンサートも行える東京国際フォーラム・ホールAは、五〇一二席である。いかにローマ劇場の規模が大きかったかが分かる。首都ローマにあったポンペイウス、マルケルス、バルブス劇場の収容人数を合計すると、三万四〇〇〇人にもなる。

劇場の広さと音響効果、視覚

ローマ劇場は、現代の劇場に比べ観客数が圧倒的に多い。今ではマイクやスピーカーといった電気音響機器の助けを借りることができるが、古代ローマの時代には、肉声や楽器の音だけである。そうすると、俳優の声や楽器の音が、劇場の隅々まで聞こえたのだろうかとの疑問が湧く。音響効果にどのような配慮をしたのだろうか。『ウィトルーウィウス建築書』第五書には以下のように記述されている。

「同じ理屈で、声もこのように輪形に動くが、水では輪は水平に動き、声は横に進むとともに、また高い方へも階段状に昇っていく。それ故、波模様において、水における と同じ声においても、第一波を遮る障害物が一つもなかった場合は、それは第二波も後続波も乱すことなく、すべてが反響せず一番下の耳にも一番上の耳にも到達する。それ故、昔の建築家たちは、上昇する音を自然の足跡をたどって研究することによって、劇場の階段席を作り上げた。かれらはまた数学者のカノーンと音楽の理論を通じて、スカエナ（舞台あるいはスクリーン：【図12】参照）におけるどんな声も観客の耳にいっそう明瞭に、いっそう爽やかに達するようにと努めた。ちょうどオルガンが青銅の薄片あるいは角製のエーケイア（共鳴器）で弦と同じ明瞭な音を出すように造られているように、劇場の作り方もハルモニケー（ハーモニー）を通じて、声を増大するように昔から定められている」。俳優の発する声や音の到達に、オルガンの共鳴器の原理の利用を試みていることが分かる。

そして、この共鳴原理を応用し、舞台に向けた青銅製の壺を座席に埋め込んだ。小型の劇場では、ハーモニーの効果を得るため、観客席中段一列に等間隔で一三個の壺を埋め込む。図12のように、大型の劇場では観客席を上下四段に分け、オルケストラから一列目は、ハルモニアを目的として一三ヶ所、二列目はクローマを目的として、一三ヶ所中、中央を抜いて一二ヶ所、三列目はディアトノンを目的として一三ヶ所に埋め込む。このような音響設計が『ウィトルーウィウス建築書』に記載されており、この考え方が、古代ローマの全域に流布していたものと思われる。ハーモニー、クローマ、ディアトノンは古代ギリシャの三つの音体系である。

一方、日本で現存する最古の劇場は、一八三六年（天保七年）に完成した香川県琴平町の金丸座である。客席数は七三〇であり、このような音響学的配慮は必要なかった。ウィトルーウィウスは、カエサルやアウグストゥス帝の時代に活躍した技術者であり、二〇〇〇年以上前にこのような配

写真14　バチカン博物館の仮面

慮がなされていたことは、驚くばかりである。それを証明するように、マルケルス劇場には四〇個以上の共鳴器があった。いわゆるヘルムホルツの共鳴器であり、理論的にはやっと一九世紀に証明されたものである。そして事実、円形劇場の舞台で声を発すると、最遠方の観客席でも十分聞き取れる。

このように広い劇場で、観客は俳優の動作を視認できたのだろうか。円形劇場は、大きいものでは直径一四〇メートルもある。観客席の最後尾では、舞台から七〇メートルも離れているのである。現在のようにオペラグラスがあるわけではない。いくら古代の人々の視力が良かったと言っても、大変遠い距離である。写真14はハドリアヌス帝のヴィラのモザイクに描かれた悲劇および喜劇用の仮面で、当時はこのように目鼻立ちがはっきりとした、大きな仮面を被っていたのだ。さらに動作も大げさにすることにより、視認できるようにしていた。同じ仮面劇ともいえる日本の能と比較するとどうであろうか。能面はローマの仮面に比べ、目鼻立ちがはっきりしないものもあり、動作も緩やかである。しかし、国立能楽堂は観客席数六二七であり、遠くから見る必要がないため、能面の目鼻立ちははっきりしていなくてもよいのであろう。

ともかく、ローマの円形劇場は、一万人を超す大観衆に対して驚くべき配慮がなされていたのである。演劇鑑賞にしろ剣闘士闘技観戦等にしろ、少数の富裕層等相手ではなく、多くの民衆を楽しませるには、このような大規模施設が必要であったのだ。日本とは、見世物に対する考え方が全く違うのである。

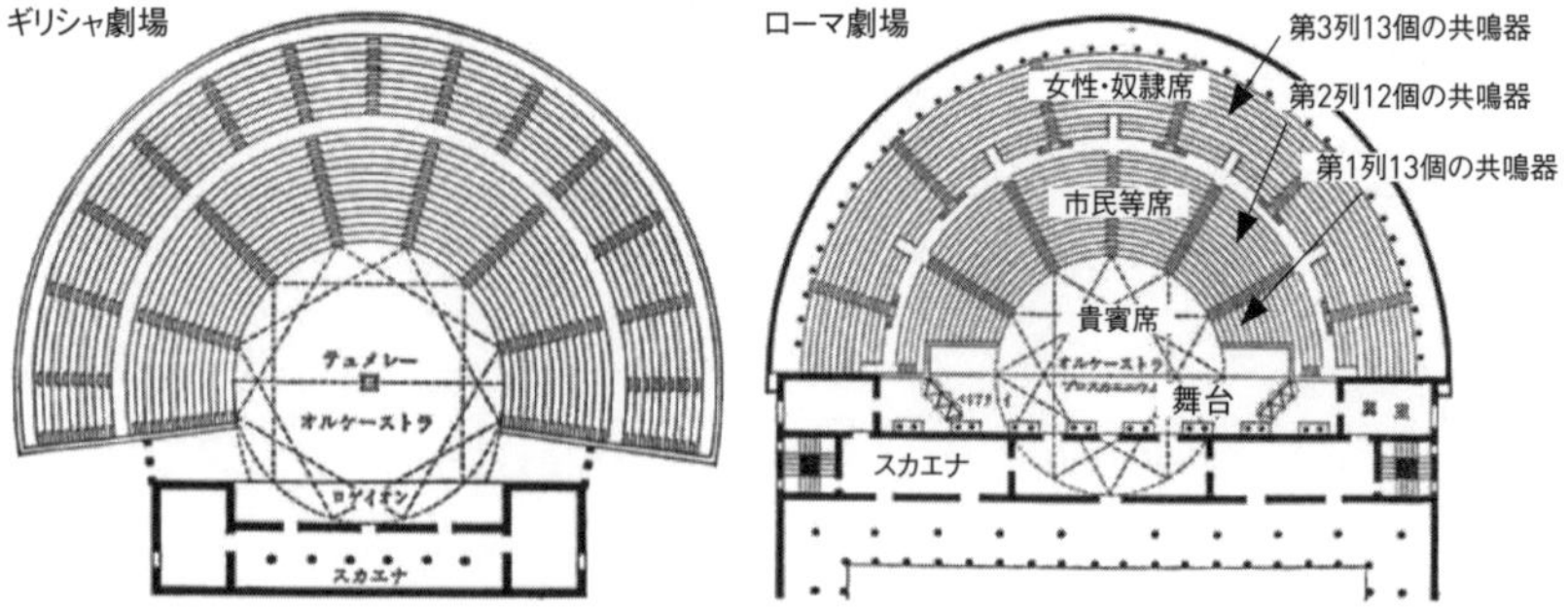

図12　ギリシャ劇場とローマ劇場の座席の配置等

ギリシャ劇場とローマ劇場の構造の違い

ローマの演劇は、ギリシャの演劇を伝承したものが多い。同じように、ローマ劇場もギリシャ劇場を真似たものが多い。その比較を図12に示す。特徴は以下の通り。ただし、現存するギリシャ劇場は、後にローマ風に改造されたものが多いので、比較通りではないものもある。

第一に、ローマ劇場は壮大さを強調している。ステージ(舞台背景：スカエナ)はギリシャ劇場の二層に対して、オランジュの劇場のように三層になっているものが多い。さらに中央・両側に五つの扉を備え、重要人物は中央から、さして重要でない人物は両側の扉から登場し、演出効果を高めている。ギリシャ劇場は三つの扉がある。

第二に、ギリシャ劇場もローマ劇場も、観客席の前にオルケストラ(オルケーストラ)が設けられている。合唱団が歌う平らな場所のことである。古代ギリシャでは、合唱隊が歌い踊るために、オルケストラは大型の円形に作られた。さらに俳優と合唱隊は未分化であった。一方、ローマ演劇では合唱隊は不要となったので、オルケストラは小さくなっている。そしてこの部分は元老院議員等の高位の人々の席となった。そこで、舞台(ローマ劇場ではプロスカエニウム。ギリシャ劇場ではロゲイオン)を低くして、オルケストラから見やすくした。

第三に、ギリシャ劇場は、シラクーサの劇場のように谷地形を利用したものが多い。したがって、観客席を作るのに土工事が多い。また、役者が演じるステージ(舞台)と観客席が分離されている。一方、ローマ劇場は図11のように平地に造ったものが多いため、土工事はギリシャ劇場に比べて少ない。しかし観客席の裏側や外壁は、装飾を施したアーチ構造を多用し、素晴らしい景観を作り出した劇場が多い。さらに、ギリシャ劇場とは違い、ステージと観客席が一体となっているのである。

第四に、客席の身分による序列である。ギリシャ劇場では高位高官がオルケストラ近傍に席を占めたが、それ以外、席は身分によらなかった。一方、ローマでは、アウグストゥス帝が劇場法を作り、図12右のように、身分・性別により座席を指定した。その内容が『ローマ皇帝伝』アウグストゥス編に、以下のように記されている。「アウグストゥスは、ある元老院議員が不当な仕打ちを受けたことに気持ちを動かされ、放縦に流れ紊乱していた見物人の礼儀作法を矯正し整えた。くだんの議員は、プテリオで盛大ににぎわっていた見世物の興行中、座っていた大勢のうちの誰からも席を譲ってもらえなかったのである。そこで元老院は、公の見世物が提供されるときはいつでも、第一列の席は元老院議員のために空けておくことを議決した。……兵士と一般市民の観客席を分け隔てた。民衆の中でも男性の既婚者に特別席を設け、子供にも固有の座席と、その側に家庭教師の席も設けた。外套を羽織った見物人は、客席の中段に座ることを許さなかった。剣闘士試合を女はいつも男に混ざって見ていたものだが、アウグストゥス帝は上段の席以外の見物を認めなかった。ウェスタ聖女にのみ劇場での特別席を、それも法務官席の真向かいに与えた」。これがアウグストゥス帝の「劇場法」である。

そしてここで、外套着用者についての規制も書かれている。「外見や衣服についてもアウグストゥスは昔日の姿を取り戻すことに極めて熱心であった。あるとき集会で群衆が外套を着ているのを見たとき、憤然として叫んだ。『ああローマ人よ、世界のあるじよ、トーガ(市民服)をまとえるやからよ』。それ以降、市民服の上に外套を羽織ったものは、広場とその周辺に一人たりとも立ち入らぬように気をつけることが、造営官のひとつの任務となった」とある。ローマ市民にはトーガの着用を強要したのだ。アウグストゥス帝は規制が大好きなようだ。

第五に、空間の違いである。ローマ劇場は閉鎖空間になっているので、ギリシャ劇場に比べ音響効果は良い。しかし、閉鎖空間のため夏場は非常に暑いのではないだろうか。そこで、円形闘技場と同様に、最上段に天幕【図10右】を張った。この天幕の張り方が、半円形状の劇場の場合、非常に難しいのだ。楕円形の円形闘技場は比較的簡単である。楕円形の場合、長軸・短軸の対称形であるが、半円形状では短軸のみの対称形状であり、これが難易度の違いとなる。一方、ギリシャ劇場は、一般的に谷側に開放空間があり、夏季の昼間は谷風が昇ってきて暑気を抑えるとともに、ステージからの役者の音声の到達は良かったのではないだろうか。

『ウィトルーウィウス建築書』の中で、望ましい劇場の形状を規定しているので紹介する。

・ローマ劇場のオルケストラとスカエナの関係は、図12に示すように四つの正三角形で構成され、その頂点から階段通路を設けるべきである。一方、ギリシャ劇場は、三つの正方形で構成され、その頂点から階段通路が設けられている。

・スカエナについては、「中央には王宮の前庭にあるような扉が設けられ、左右には客用の扉がある。これの隣に装飾に予定された空間があり、この場所にそれぞれ外見のことなった三つの装飾を持つ三角形の回転装置がある。……この装置は、筋の転換が行われる場合、あるいは突然の雷鳴を伴って神が出現する場合、回されて正面で装飾の様相を変える。この場所の隣にかぎの手(に壁)が突出し、その一つはフォルムから、他は市外からスカエナへの出入り口を作る。スカエナの種類は三つある。一は悲劇の、他は喜劇の、第三は風刺劇のスカエナと呼ばれるもの。……悲劇のスカエナは円柱や破風や彫像やその他王者に属するもので構成され、喜劇のスカエナは私人の邸宅や露台の外観また一般建物の手法を模して配置された窓の情景をもち、風刺劇のスカエナは樹木や洞窟や山やその他、庭師のつくる景色にかたどった田舎の風物で装飾される」と、細かく装飾を指導している。舞台には演出効果を高めるために、回転扉やリフトがあった。

ウィトルーウィウスは、劇場の仕様をこと細かに規定している。建築書に沿った円形劇場が帝国各地に存在したということは、同書が広く流布していた証拠でもある。このような技術書をまとめ、それを帝国各地で使いこなしたローマの技術力は驚くべきことである。

皇帝達と演劇

記録に残る皇帝たちは、総じて演劇が好きであった。その様子をスエトニウス著の『ローマ皇帝伝』から紹介する。

初代皇帝アウグストゥス

アウグストゥス帝は、マエケナス劇場の建設、ポンペイウス劇場の再建に尽力した。そして「自分の名義で四回、そして都を留守にしていたか、あるいは十分な資力を欠いていた他の政務官のため、二、三回見世物を催した。彼はときに市区ごとに、多くの舞台で、俳優にあらゆる言語で台詞を喋らせた」とあるように、演劇鑑賞が大好きであった。したがって、劇場を造り、修理をし、演劇を何回も開催したのだ。

第二代皇帝ティベリウス

一方、ティベリウス帝は吝嗇家で、演劇等の見世物について「ティベリウスは、世の人倫良俗が、怠惰や悪弊に冒され揺らいでいるとき、その矯正の役を買って出た。彼は舞台芸人の給料を減額し、対決する一組の剣闘士の出場回数を一定数まで減らして、競技祭や剣闘士試合の出費を切り詰めた」と記されている。見世物の提供はせず、蓄財に走ったのだ。その結果、遺産は二七億セステルティウスと言われている。その莫大な遺産を、湯水のごとく遊興に使ったのが、後継者のカリグラ帝である。

第三代皇帝カリグラ

カリグラ帝については「カリグラはたいそう熱心にさまざまの技を磨いた。トラキア剣闘士にも戦車御者にもなり、さらに歌手や舞踏家にもなる。……歌と踊りへの欲望があまりに強かったため、カリグラは公共の劇場の客席に座っていても、舞台で上演している悲劇役者にあわせて台詞を朗読し、そして黙劇役者の身振りを褒めるか貶《けな》すかのごとく、皆の前で再現してみせる衝動をおさえきれなかった。……カリグラは、夢中になっていた芸人たちをすべて気の狂うほど贔屓にした」とある。カリグラ帝は自らの欲望の赴くままに、演劇にも時間と金をつぎ込んだようである。その暴君ぶりにより、暗殺されたローマ皇帝第一号となってしまったのである。

第四代皇帝クラウディウス

クラウディウス帝も見世物が大好きであった。オスティアのクラウディウス港や、長大なクラウディウス水道・新アニオ水道等、大規模構造物を造ることが好きだった。見世物もスケールが大きく、フキヌス湖での模擬海戦、マルスの野でのブリタンニアの都市攻略の模擬戦等を主催した。演劇についても「焼失していたポンペイウス劇場を、クラウディウスが再建して奉納したさい、まず見物席の最上段にある神殿で犠牲式を挙げ、……芝居の開幕を宣言した」とある。またアウグストゥスも行った世紀祭を四七年(ローマ紀元八〇〇年)に主催し、「アウグストゥスの世紀祭を見物した人はまだ生き残っていたし、昔、舞台に出たことのある俳優も、何人かはこの時もまた、舞台に立ったのである」と記録されている。

第五代皇帝ネロ

写真15　皇帝ネロ彫像

ここから、ローマ演劇で忘れてはならない人物、ネロ帝(在位五四年〜六八年。**【写真15】**)の登場である。彼は二人の妻と実母、義弟殺しの他、残虐なことを行い、贅沢三昧、放蕩、淫乱、そして、真偽は不明だが、ローマに火を放ち、焼け野原にしたと言われている。さらに六八年の反乱の際に「世界は優れた芸術家を失うのだ」と言って自死した。その狂気ぶりを紹介しよう。

治世の最初の五年間は、家庭教師でもあった哲学者セネカからの助力もあり、素晴らしい政治を行ったという。タキトゥスの『年代記』によれば、「……詩歌は言うまでもなくアポロンに捧げられている。だからこそこの偉大な預言者の神アポロンは、ギリシャの町々だけではなく、ローマの神殿においても竪琴奏者の扮装をしている、と語った」と記されている。ネロ帝はそれを実行したのだ。彼はリラ(竪琴)を奏でながら自作の曲を歌い、芸人皇帝と呼ばれるほどであった。彼の好んだ歌は、『目玉をくりぬいたオイディプス王』や『狂乱のヘラクレス』であった。

そして六四年七月、九日間も燃え続いたローマ大火の折には「ネロは、都が燃え盛っている最中に、館内の私舞台に立ち、目の前の火災を見ながら、これを太古の不幸になぞらえて、『トロイアの陥落』を歌っていたと、噂が広まった」とタキトゥスは記している。この大火により、一四に区分されていた首都ローマで無傷だったのは四区のみ。三区が焼け野原、残りの七区は全半焼の惨事であった。ネロ帝は過密都市、スラム化した首都ローマを再建し、さらに自身の宮殿、黄金宮を造るために放火したのだ、との噂が広まった。この噂を打ち消すため、キリスト教徒放火犯人説を打ち立て、キリスト教徒の処刑、迫害をしたと言われている。キリスト教徒にとって、ネロ帝は極悪人なのである。

この話を元にした映画が一九五一年にゴールデングローブ賞、助演男優賞等を受賞した、ハリウッド映画『クオ・ヴァディス』である。映画の原作は、帝政ロシアによる祖国ポーランドの受難を、作家シェンキェビッチが初期キリスト教徒の受けた迫害になぞらえたもの。小説によってロシアの圧政を世界に訴えたもので、世界的ベスト・セラーとなり、シェンキェビッチは一九〇五年のノーベル文学賞を受賞したほどである。

一方、この大火後にネロは、被災者の救済やそのための迅速な政策実行等、ローマ市の再建を陣頭指揮した。そのため、ネロに批判的なタキトゥスは、ネロの再建策を褒めている。どれが本当のネロなのかは謎であるが、キリスト教徒を迫害すれば、後世の評価は良くない。

ネロ帝は自身の腕を披露するため、権力に任せ様々なことを行った。ネロ応援団を仕立て、各地に公演をしに行ったのである。応援団は、ネロの成果が上がらなければ、自身の命が危ない。したがって熱烈に応援をし、強敵や審査委員を買収したりした。ネロ帝はまず五九年に、皇帝宮殿等で開催した青年祭でデビュー。市民からの評判は良くなかったが、騎士達からなるアウグストゥス喝采団(応援団)の手拍子で演奏をやり終えたとのことである。追従に喜んだネロは、次に劇場での公演を画策した。ネロ帝の考えでは「演劇の良さはローマ人では分からない、ギリシャ人でなければ」と、六四年に旧ギリシャ植民都市ネアポリス(ナポリ)で公式デビューした。六五年にはローマでのネロ祭、さらにポンペイウス劇場で首都デビュー。まさにネロ帝オン・ステージ。ネロに喝采を送らなかった観客は、鞭で打たれたとのことである。皇帝出演の劇場に来る観客も大変である。かといって参加しなければ御咎めがある。ローマ市民にとってはいい迷惑であったのだ。六六年から六七年には、アウグストゥス喝采団を引き連れてギリシャに音楽武者修行をしたり、オリンピア、デルフォイ等で行われた競技会に参加したりした。さらに戦車競走にも出場。何しろ皇帝の出演・出場である。コンテストに勝たないわけはない。六八年初めのローマ帰還時には一八〇八個の栄冠を持ち帰り、冠の捧持や、参加コンテストのプラカードの行列やらを出し、喝采団が「アウグストゥスの従者だ。我々は彼の凱旋兵だ」と叫ぶ凱旋式もどきを挙行。しかし、皇帝とはローマ帝国の第一人者。ここまで演劇にうつつを抜かし、圧政を繰り返せば見捨てられて当然である。『年代記』や『ローマ皇帝伝』に、ネロ帝の圧政、暴政が延々と綴られている。

第九代皇帝ウェスパシアヌス

一年の間に皇帝が六〜八代目と代わったので、皇帝達はローマ市民に演劇の面倒を見ている暇はなかった。そして、第九代皇帝がコロッセオを造ったウェスパシアヌス帝(在位六九年〜七九年)である。ネロ帝の随員として旅行中、ギリシャのアカイアでの観劇中に居眠りをし、危うく処罰されるところであった。しかし決して演劇が嫌いなわけではなかった。彼はローマの人々の心を掴むことに長けていた。「マルケルス劇場の舞台を再建し、その奉献式を挙げたときの芝居で、ウェスパシアヌスは古い演奏会も復活させていた。悲劇作家アペレスに四〇万セステルティウス、竪琴奏者テルプヌスとディオドルスに二〇万セステルティウスずつ、その他の人に一〇万セステルティウスを、最低の額でも四万セステルティウスを贈り、その上に多くの黄金の冠を授けた」と記されている。四〇万セステルティウスと言えば一六〇〇万円相当であり、ちょっと信じられないような高額である。屎尿税を課したぐらい締まり屋のウェスパシアヌスであるが、演劇には目がなかったようだ。

ともかく歴代の皇帝達は、演劇が大好きであったのだ。皇帝が閑古鳥の鳴く劇場に行くわけがないのだから、きっと多くのローマ市民も劇場に行ったのであろう。

落書き及び碑文から見た評価

では、一般市民の役者や演劇に対する評価はどのようであったのだろうか。ヴェスビオス山の噴火で埋もれたポンペイには、多くの役者（俳優）に関する落書き等が残っており、これらからその評価が分かる。

役者への賛辞として、以下のような落書きがある。「アクティウス・アニケトゥスにごきげんよう！　ホルスにごきげんよう！」。「アクティウス、俳優一座の主人にごきげんよう！」。アクティウスの率いる俳優一座は、カンパニア地方で広く活躍し、ポンペイやヘルクラネウムでも非常に人気を博していた。ポンペイでは、アクティウスの他に、人気を博したパリスという俳優が存在した。「パリスは舞台の真珠だ！」「パリスに勝るものなし。彼は勝者だ！」。こうした落書きから、いかに彼らがポンペイの人々の憧れの的であったかを窺い知ることができる。

役者（パリス）を選挙に利用した次のような落書きもある。「ガイウス・クスピウス・パンサを造営官にしてくれるようお願いする。パリスのファンであるプルプリオーが（書いた）」。さらに興味深いのが、以下に記述した二番手俳優に捧げられた、半身像の設置の栄誉、及び彼への顕彰碑文である。「ガイウス・ノルバヌス・ソレックス、二番手俳優、近隣住民区のフェリックス・アウグストゥス（神官団）の祭司長の肖像（を設置した）。都市参事会の決議によってこの場所が与えられた」。

ローマ社会においては「アウグストゥス婚姻法」にも明示されているように、法的にも社会的にも、役者の地位は剣闘士及び奴隷と同様に最下層に位置付けられていた。したがって、本来彼等は公的に栄誉を受けることがそぐわない存在であった。しかし、現実には帝政期を通じて、しばしば幾人かの俳優が都市から公的な栄誉を与えられたり、皇帝の愛顧を得たりして、権勢を振るうこともあった。そして、碑文にもあるように、彼らに熱狂した市民たちの存在があったのだ。

市民が演劇のスターである舞台俳優を贔屓にし、熱い眼差しを向け続ける限り、こうした市民から尊敬と信頼を勝ち得たい皇帝や政務官等にとって、法的な立場がどうあれ、俳優たちの存在は、決して無視し得ないものであったのだ。

第四章
剣闘士闘技と円形闘技場

一八代皇帝コンモドゥス（在位一八〇年～一九二年）は、「剣闘士皇帝」とも称された。彼は剣闘士試合を主催するだけでなく、自ら「ローマのヘラクレス」と称し、剣闘士として野獣やプロの剣闘士と対戦した。インチキや、やらせもあったかもしれないが、皇帝が命を失う可能性もあったのである。皇帝の剣闘士ぶりを見に、イタリア中から人々が押し寄せてきたと言われている。皇帝も観客も、我を忘れるぐらい剣闘士闘技に熱狂したのだ。そのくらい剣闘士闘技はローマ人に人気があり、図8に示したように、帝国内には二〇九ヶ所以上の円形闘技場があった。ギリシャやトルコ等の東方を除く西方ローマ世界では、数的には円形劇場に匹敵する。さらに収容人数を考慮すれば、演劇よりも人気のあった見世物である。

円形闘技場の数が最も多いのはイタリアで、七七ヶ所以上。劇場の数が多いトルコ・ギリシャ・イスラエル等では、円形闘技場は非常に少ない。もともと演劇鑑賞が盛んであった国々への剣闘士闘技の浸透は、あまり行われなかったようである。一方、英国やフランス・スペイン・アフリカ等、イタリアを中心とした西域、そして遠隔の地に多く造られた。

ローマから最も遠い英国には、一三ヶ所以上の円形闘技場が造られた。これらは劇場等を兼ねたものが多く、小型で、観客席も石造りではなく、比較的簡素な闘技場である。大陸で見られる大規模な石造闘技場を想像すると、裏切られてしまう。一方、チュニジアのエルジェムにはコロッセオにも負けないいくらい素晴らしい円形闘技場がある。ローマにとっては穀倉地帯の大切な属州なので、大規模施設が造られたのであろう。

この章では、まず剣闘士闘技の由来と、剣闘士とはどのような職業であったのかを説明する。次に円形闘技場の規模を紹介。特に今、建設したとしても大変な工事となるコロッセオは、どのようなものであったのか。そのデザインや構造そして建設方法や使用法は、興味をそそるところである。さらに剣闘士闘技の開催費用や、なぜ為政者が血や死を見る剣闘士闘技を重んじたのかを説明し、最後に観客は剣闘士闘技について、どのような評価をしたのかについても紹介する。

剣闘士闘技の起源と剣闘士とは

剣闘士対剣闘士の起源

剣闘士闘技の起源については、はっきりしたことは分かっていない。エトルリア起源で、葬儀に結び付いて開催されたといわれている。記録上最も古い剣闘士闘技は、紀元前二六四年にローマのマルクスとデキムス・ブルトゥスの兄弟が、父ブルトゥス・ペラの葬儀に際してボアリウム広場(牛の広場：キルクス・マクシムス(大戦車競走場)の北西。テヴェレ川との間)で三組の剣闘士試合を行ったとのことである。

紀元前二一六年には、同じボアリウム広場で二二人の剣闘士が戦った記録がある。さらに紀元前一七四年にはフォロ・ロマーノで、七四人の剣闘士が三日間にわたり戦った。これらは、死者を弔う行事として行われたと言われている。死者を弔う行事は、殉死・生贄等、その規模は別にして、古代社会のみならず、近世でもあった。これは日本でも例外ではなかった。それが変質して民衆の娯楽となり、大規模に派手に、あたかもハリウッド映画のスペクタクルのようになったのである。

具体的には、アウグストゥス帝は、剣闘試合を子や孫の名義も含め八回開催し、合計約一万人の剣闘士が戦った。またトラヤヌス帝の一〇七年ダキア征服祝いでは、一二三日間連続で五〇〇〇人の人間が殺された。そして観客たちは、剣闘士の敗者や野獣が殺されることを見て喜ぶようになっていたのだ【写真16】。

血や死が現実のものでなければ、格闘技の観戦は面白いものである。相撲、レスリングやボクシングを観戦するように。事実、剣闘士皇帝と言われたコンモドゥス帝の時代の剣闘士を描いた、二〇〇〇年公開のハリウッド映画『グラディエーター』は好評を博し、第七三回アカデミー賞の作品賞や主演男優賞等の五部門を受賞しているほどである。

写真16　剣闘士闘技

剣闘士対猛獣の起源

円形闘技場では、剣闘士同士の戦いだけではなく、猛獣狩りも行われた。ローマにおいて外来の野獣を見世物に供したのは、紀元前二七五年ローマ軍がエイペロス王ピュロスを破り、戦闘用の四頭の象を捕らえた時である。さらに、第一次ポエニ

写真17　猛獣狩り

戦争中の紀元前二五一年、カルタゴ軍を撃破したパレルモの戦いで得た一〇〇頭の象を戦勝パレードに参加させている。そしてポエニ戦争の勝利で北アフリカを領土とすると、多くの珍しい猛獣を得ることができた。これらはあくまでも見世物の猛獣であった。

　猛獣狩り【写真17】については、その起源ははっきりとはわからないが、紀元前五五年のポンペイウス劇場の奉献式に五〇〇頭のライオンが殺された。また『アウグストゥス帝の業績録』によれば「剣闘試合を子や孫の名義も含め、……猛獣狩りは二六回開催し、約三五〇〇頭の野獣が殺された」との記述がある。トラヤヌス帝は一〇七年、ダキア征服を祝い、一二三日間連続で一万一〇〇〇匹の動物を殺したという記録が残っている。ともかくこの時代には、盛んに猛獣狩りが行われていたようだ。

　猛獣狩りでは、長い間餌も与えられず、暗闇に閉じ込められていた猛獣が解き放たれる。餓えて怒りに満ちた猛獣の殺戮が見世物になった。その他に牡牛やサイを使った闘牛や、動物同士の戦いもあった。また、全く武装していない人間（死刑囚等）が狩りをすることもある。その場合、人間は当然、猛獣に八つ裂きにされて餌食になってしまう。

　コロッセオの猛獣狩りのセットは手が込んでいて、連れて来られた動物が生息していた場所の雰囲気が、様々に再現されていた。演劇で培われた大道具、小道具製作技術が生かされたのであろう。円形劇場の舞台装置と同様に、古代ローマ人は、大規模な仕掛けが得意であり、特にコロッセオは、地下と地上の間にエレベーターが多数設置されていたので、観衆が驚くような様々な演出が可能であった。

ここで興味があるのは、猛獣狩りが古代ローマ特有のものなのかということである。猛獣狩りについては、古代ギリシャ等で牛などの動物を生贄に捧げること、野生動物を狩猟すること、さらに神話では、ヘラクレスがライオンや猪、蛇、鹿等の狩りをしたことが記されている。これらのことから、猛獣狩りの習慣はローマ以前からあったが、それをローマ人が大々的な見世物としたということがわかる。

なお、現在西ヨーロッパで行われている闘牛は、剣闘士対野獣の変形ともいえるもので、円形闘技場の多いスペイン・ポルトガル・フランスで盛んである。施設があれば開催できるものではないので、獰猛な牛が手近に得られること及び、闘牛文化があったことが要因であろう。

しかし、麻酔銃もない時代に、大量の猛獣等を集めることが可能であったのだろうか。ホプキンス著『古代ローマ人と死』には、「ローマ時代以後、一八五〇年に一頭のカバが蒸気船でロンドンに連れてこられるまでは、カバというものはヨーロッパで全く見られなかった。このカバを生け捕りにするのにエジプト兵の一分隊がかかわり、白ナイルからカイロまで運ぶのに五ヶ月の旅を要したのである」と記されている。ここでの分隊の兵員数は、一〇人前後が多いため、カバ一頭の捕獲、運搬で一五〇〇人／日程度掛かっている。大変な人手が必要であったのだ。さらにエジプトからローマへの海上運搬は、約二〇〇〇キロメートルの長距離外洋帆走である。拙著『交路からみる古代ローマ繁栄史』に記すように、航海の季節によっては大変な日数が掛かる。五〇〇頭のライオン、三五〇〇頭の猛獣、一万一〇〇〇頭の動物を集めるのに、どの程度の時間と金を使ったのだろうかと、頭をひねってしまう。

写真18　コンモドゥス帝彫像

剣闘士

剣闘士は戦争で捕獲された捕虜や奴隷が主であったため、剣の奴隷、すなわち剣奴とも呼ばれた。しかし全てがそうであったわけではなく、ローマ市民の中から、特に志願して剣闘士となる者もいた。その中には、「剣闘士皇帝」と称されたコンモドゥス帝もいたぐらいである。捕虜や奴隷以外の人が剣闘士になった理由は、「名誉と金、女性にもてる」の三つであった。

第一に、戦士共同体から出発したローマでは、高貴とされる人々の間でも戦いへの関心が高く、元老院議員や騎士階級身分に属する者でも、自らの戦闘技術を示すため、剣闘士闘技に出場する者がいた。このようなことに対して、アウグストゥス帝の時代には元老院決議で出場禁止とされていたが、守られなかった。さらにティベリウス帝の時代、一九年のラリヌムの元老院決議で禁止をしたが、これも守られない。

信じられないことではあるが、皇帝自らが決議を破るのである。『ローマ皇帝伝』ネロ編によれば「ネロは四〇〇人の元老院議員と六〇〇人の騎士を――その中には裕福な人も、世評の申し分のない人もいたが――剣闘士試合に出場させた」とある。本当だろうかと思う。四〇〇人の元老院議員の半数が死んだり負傷したりしたら、元老院崩壊ではないか。さらに、ローマ皇帝が剣闘士デビューをするぐらいだから、守れるわけがない。ともかく現代人の感覚から見ると異常である。とはいえ、それを見て喜ぶ観衆がいたのも事実である。

コンモドゥス帝は、「剣闘士皇帝」と称されるだけあって、凄い皇帝であった。彼は誇大妄想にふけり、自らを現人神、ヘラクレスの生まれ変わりと称した。治世の最後の年には剣闘士としてコロッセオに立ったほどである。公の場にライオンの毛皮をまとい、棍棒を手にして登場。その通りの彫像【写真18】がカピトリーノ美術館に残っている。一九二年一一月の平民競技会の初日「手すりから矢を射かけ、ただ一人で一〇〇頭の熊を殺した」と、カシウス・ディオは記している。

また、猛獣狩りの試合を催し、自らも積極的に参加した。虎、象、カバ、ライオンなどの猛獣をヘラクレスの衣装で次々に倒し、ダチョウの首を右手に持ちながら、見物する元老院議員が居る見物席に近づいた。戦慄する議員達へのこのジェスチャーは、「このダチョウを狩るように、貴様らもいつでも殺すことができる」という威嚇であった。

コンモドゥス帝の侍従長や親衛隊長は、彼のあまりの異常さに驚き、殺害してしまった。われらが皇帝には知性が必要であると、人々は考えていたのであろう。特にコンモドゥス帝の父マルクス・アウレリウス帝は、『自省録』を著し、「哲人皇帝」と称されていたのだから、その落差が余りにも大きく、剣闘士並みの頭脳では国を任せてはおけないと、殺されてしまったのだ。いずれにしても、現役皇帝が主演の猛獣狩りであったのだから、円形闘技場は超満員だったのであろう。このような悪帝がいても、その後、江戸時代よりも長い二八〇年間もローマ帝国が存続したことは、凄いとしか言いようがない。

第二には、剣闘士の給料が良かったのである。一七七年、元老院決議で高騰する剣闘士の出演料を規定した。それでも出演料は、最高級剣闘士は一回一万五〇〇〇セステルティウス（親方に支払われる額で、剣闘士のファイトマネーではない。六〇〇万円相当）となかなか良い。最低級の乱戦剣闘士は、一回一〇〇〇～二〇〇〇セステルティウス（四〇～八〇万円相当）であった。それでも当時の無産者で腕に自信のあるものは、金目当てで剣闘士に志願した。この時代の軍団兵士の給料は、年間一二〇〇セステルティウスである。乱戦剣闘士でも一回勝てば、軍団兵士の年俸並みの収入が得られるのである。ただし命を懸けているわけであるから、勝たなければ元も子もないのは言うまでもないことである。

第三に、剣闘士は若い女性にもてたのである。女性にもてたいが一心で志願した者もいた。

当初、プロだけであったが、カリグラ帝の発案により、重罪人や奴隷、戦争捕虜などアマチュアの剣闘士が加わるようになった。こういった、剣の訓練を積んでいない者が加わることにより、その残酷度はいっそう増した。罪人が猛獣の餌食になった事例が沢山ある。死刑囚の刑場でもあったのだ。ネロ帝がキリスト教迫害として、信者を野獣の餌食とした話も伝えられている。

では、剣闘士試合の仕組みと剣闘士の種類はどのようであったのか。試合では、一般に剣闘士たちは二人一組で戦う。戦いが始まる前、剣闘士たちはロイヤル・ボックスの前まで来て、「死に赴かんとする我ら、皇帝にご挨拶つかまつる」と言うのがしきたりだった。そしてラッパの合図と共に戦いが始まり、戦いの最中も音楽が流されていた。試合の決着は、敗者が試合中に殺されるか、敗者が降参して、主催者に生死を委ねるのである。皇帝等の主催者は観衆の意見を聞き、敗者が勇敢に闘っていれば「生」、そうでなければ「死」の判定を下した。剣闘士は必ずしも、死ぬまで一生戦わされるということではなかった。幾つかの戦いを経て生き残った剣闘士は引退が許された。引退した剣闘士の中には、訓練士として剣闘士を鍛える側にまわる者もいた。彼らにはその証として木剣が与えられた。

次に剣闘士の種類である。円形闘技場の多彩な舞台装置を考えるローマ人であるから、実に様々な種類の剣闘士を創造したのである。その名前は、出身地や使用する武器や戦い方で付けら

図13　魚人剣闘士　打網剣闘士　トラキア剣闘士・追撃剣闘士　グラディウス

れていた。また剣闘士を「グラディエーター」と称したのは、彼らが使用した剣を「グラディウス」と呼んでいたからである。剣闘士の種類の例を図13に紹介する。

・魚人剣闘士（ムルミロ）：重装備のムルミロの兜は、魚が象《かたど》られており、ムルマと呼ばれていた。「魚」であるムルミロと、それを捕らえようとする漁師の打網剣闘士と相対して戦った。
・打網剣闘士（レティアリウス）：唯一身を守るものとして、肩の上まで覆う金属製の籠手を、利き腕とは反対の左手に付けていた。そして武器として長い三叉の鉾と、相手を捕らえるための投げ網を持っていた。
・追撃剣闘士（セクトル）：庇の付いた兜をかぶり、盾と剣を持っていた。
・トラキア剣闘士（トラクス）：新月刀と丸い小盾を持っていた。
・獣剣闘士（ベスティアリイ）：猛獣と戦った。
・戦車剣闘士：古代ブリタンニア人の格好をして、戦車に乗って戦った。

剣闘士の反乱

ローマの領土拡大とともに、剣闘士として戦争捕虜や奴隷が多数供給されるようになった。供給過剰が原因で、待遇が劣悪となり、反乱につながったのである。紀元前七三年～紀元前七一年にわたる「スパルタクスの反乱」。同名の映画は、一九六〇年アカデミー賞三部門で受賞したほどの話題作であ

写真19　カプアの円形闘技場

写真20　ウェスパシアヌス帝彫像

る。

紀元前七三年、ナポリに程近いカプアの剣闘士養成所を脱走した剣闘士二〇〇名は、トラキア出身の剣闘士スパルタクスをリーダーとして、ローマ軍と戦った。最盛期は農民も集め、総勢七万人にもなり、三年間にわたってイタリアの南部および中部を蹂躙したのだ。これは第三次奴隷戦争と呼ばれ、ローマ軍は鎮圧に苦戦を強いられた。一次（紀元前一三五年～紀元前一三二年）、二次（紀元前一〇四年～紀元前一〇一年）は、シチリアにおける奴隷の反乱である。この後、奴隷への待遇が改善されたと言われている。

カプアはアッピア街道の要衝の地であるが、大都市ではない。そのような場所に、現存ではコロッセオに次ぐ二番目の規模の円形闘技場【写真19】を造ったのだ。そのくらい、この時代には剣闘士闘技がポピュラーになっていたのである。

コロッセオ

首都ローマにおける二番目の、そして最大規模の石造りの円形闘技場がコロッセオである。九代皇帝ウェスパシアヌス【写真20】が七一年に着工し、息子の一〇代皇帝ティトウスによって、紀元八〇年に一部完成の状態で奉献された。オープニングセレモニーとして、五〇〇〇頭の野獣の出場、剣闘士闘技、模擬海戦が行われた。奉献前の七九年にはヴェスビオス山の噴火があり、ポンペイやエルコラーノの町が破壊されてしまった。また八〇年には首都ローマに大火があり、三日三晩燃え続けた。これらの災害に打ち沈んだローマ市民を奮い立たせるために、ティトウス帝は派手な奉献式を挙行したと言われている。コロッセオの最上層、四層が完成するのは、その次の皇帝ドミティアヌスの時代である。

ウェスパシアヌス・ティトウス・ドミティアヌス帝のフラウィウス朝の皇帝が建設したことから、コロッセオの正式名称は「フラウィウス闘技場」である。建設地はネロ帝の宮殿、黄金宮の跡地。その地に、ネロ帝の巨大な像（コロッスス）が建っていたため、コロッセオと呼ばれるようになった。巨大な像は、ロドス島の灯台（世界七不思議の巨像）を模したものであり、高さは三六メートル。当初、巨像の顔はネロ帝を模していたが、ウェスパシアヌス帝は、ネロの顔から太陽神に置き換えたのである。ローマ市民にとって、忌まわしいネロ帝の記憶を忘れさせるためであろう。

コロッセオの規模と構造

コロッセオ【写真24】の寸法は、平面で外径一八八×一五六メートル、内径七六×四四メートルの楕円形、高さは四八・五メートルである。内部の七六×四四メートルは剣闘士が試合をする場所で、アリーナと呼ばれる。「さいたまアリーナ」等の名前の元である。剣闘士闘技の試合場には砂が敷かれ、血で汚れると、砂の入れ替えが行われた。この砂場が「アリーナ」の語源である。

図15の断面図に示すように、一階部分の幅は五六メートル。猛獣等の侵入を防ぐため、アリーナより三・六メートル高いところから観客席が始まり、約三七度の勾配で観客席が配置されている。観客数は約五万人。一〜三階は各々八〇のアーチがあり、そのうち四つが装飾門である。観客席は劇場と同様に、下段が皇帝や元老院議員・騎士階級等の上流階級およびウェスタ神殿の巫女、中段が一般市民、上段が解放奴隷や自由民、最上段が女性や奴隷と、身分により分けられて

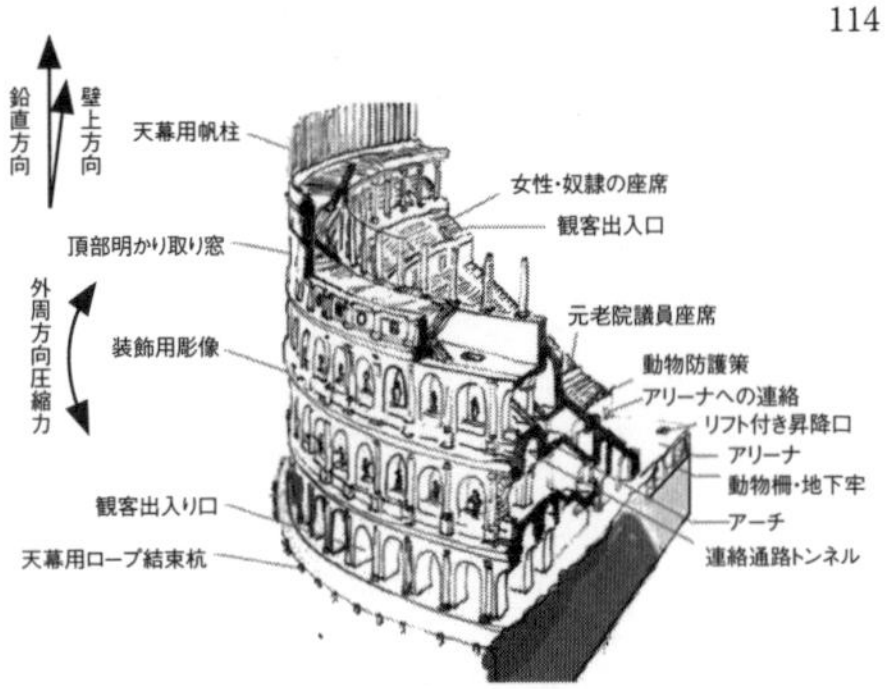

図14　コロッセオの鳥瞰図

図15　コロッセオ断面図

いた。四階上部には、図19に示すように、日除け天幕を張るための帆柱用のソケットが二四〇本ある。皇帝席には一日中直射日光が当たらないように、また一般の観客席についても一日に二〇分以上日光が当たらないように工夫がなされていた。

コロッセオの平面図を図18に示す。北西方向の門はポルタ・トリンファリス(D)で剣闘士の入場門。南東方向の門は、死の女神の門と称されるポルタ・リビチネンシス(E)で敗者が運び出される。Aは皇帝席。北西方向は皇帝及びその家族用通路、南東方向は元老院議員等貴賓の通路(B)となっている。四つの装飾門以外の七六のアーチは一~七六の番号が刻まれていた。五万人余の観客入退場時の混雑を避けるため、入場券に記された番号のアーチから中に入り、それに合わせて階段で座席へ着いた。

コロッセオの上部構造は、断面図【図15】のように、一階は断面方向へ七スパンに分かれている。主要材料は、外壁はトラバーチン、凝灰岩、内部はコンクリートである。トラバーチンは、外壁で四・五万立方メートル、全体で一〇万立方メートル以上と膨大な量を使用している。これらの石は、約二五キロメートルの距離にあるテヴォリより専用の道路で運搬した。柱はトラバーチン、周方向壁はトラバーチンと凝灰岩の併用、ヴォールト(連続アーチ)はコンクリートで造られている。外壁は白と赤で美しく彩色されていたが、消失してしまった。

写真21　アリーナの地下部分

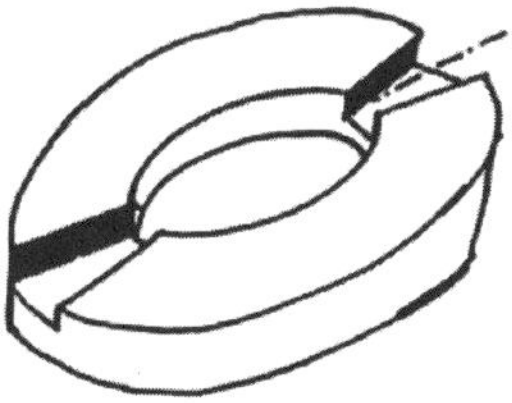

図16　コンクリート基礎

鳥瞰図【図14】に示すように、外壁は垂直ではなく、若干内側に傾け、周方向に圧縮力が掛かるように設計されている。少々の地震水平力により、トラバーチンに引張力が掛からないように配慮している。また、外壁の連続性を高めるため、トラバーチン同士を三〇〇トンにも及ぶ鉄製のクランプ（鎹《かすがい》のようなもの）で結合。さらにヴォールトのコンクリートは、骨材に比重の軽い凝灰岩を使うことによって軽量化を図っている。次に示す巨大なコンクリート基礎とともに、素晴らしい設計技術があった。施工技術と相まって、この設計技術が、地震国イタリアで二〇〇〇年間も聳え続けている要因であろう。同様に二〇〇〇年も聳え建つ直径四三・五メートルの世界最大の無筋コンクリートドーム、パンテオン。古代ローマの技術者の頭の構造は、どのようになっているのかと思ってしまう。

さらに注目すべきは、コロッセオの地下構造である。コロッセオはネロ帝の黄金宮の庭園にあった人造池の跡地に建設された。人工池はすでに掘り下げられていたので、基礎工事をいくらか省略することができた。しかしいずれにしろ地盤が悪いので、コロッセオの基礎は図16のように、幅三一メートル、深さ六メートル掘り下げ、硬い粘土の基盤に到達させた。現代の建設技術では当たり前のことであるが、ローマ人はすでに、重要構造物を造るには、堅固な地盤を基礎にするということを知っていた。地上部はさらに六メートル打ち足し、全高一二メートルとした。この打ち足しは、洪水時の浸水を避けるためであろう。写真21に示すように、地下部分には三二ヶ所の猛獣用等の檻を収納する場所があり、連絡通路が張り巡らされ、さらに

図17　世界の七不思議

アリーナに接続するエレベーターがあった。

コロッセオの存在感

古代ローマの詩人マルティアリス（四〇年頃～一〇二年頃）は、『見世物について』第一節で、当時の地中海世界の建造物と比較して、コロッセオの素晴らしさを次のように称賛している。

「野蛮なメンフィス（エジプト）はピラミッドの奇跡について沈黙し、アッシリアの偉業もバビロンを自慢すべきではない。軟弱なイオニア人たちがトゥリウィア（アルテミス）神殿のゆえに称賛されず、無数の骨で作られた祭壇もデロスを無視すべきである。空っぽの空気で支えられたマウソテウムを大袈裟な称賛でもって、カリア人（小アジア南西部に住む勇猛な人々）たちが天まで持ち上げないように。すべての偉業が、カエサル（ウェスパシアヌス）の円形闘技場の前に色褪せ、全てにかわって、ただ一つ建物の名声が得られることだろう」

ギリシャの数学者フィロン（紀元前二六〇年～紀元前一八〇年）が選定した、ギザの大ピラミッド、バビロンの空中庭園、エフェソスのアルテミス神殿、オリンピアのゼウス像、ハリカルナッソスのマウソロス霊廟、ロドス島の巨像、アレクサンドリアの大灯台という世界の七不思議【図17】。コロッセオはこれらに勝ると、マルティアリスは言っているのである。

さらに、八世紀の英国の修道士ベーダ・ウェネラビリスは「コロッセウムが存在する限り、ローマが存在する。コロッセウムが倒れるとき、ローマも滅びる。ローマが滅びるとき、世界も滅び

写真22　ポン・デュ・ガール（左）とEU5ユーロ紙幣（右）

写真23　EU5セント硬貨

る」（ミーニュ著『教父全集ラテン編』九四巻）と、コロッセオとローマ、そして世界を同一視して、その素晴らしさを称えている。コロッセオはこのような存在感を、古代、そして中世の人々に植え付けていたのだ。その存在感は現代にも及ぶ。それを示すように、二〇〇五年のコロッセオへの入場者は三九〇万人にものぼり、ローマを訪れる観光客にとって、必見の場所になっているのだ。

存在感とは、大きさで推し測れる部分が多い。コロッセオと同時代の大型構造物といえば、ローマ水道橋。特にフランスのニーム水道のポン・デュ・ガールが代表といえる。比較するとどのようになるのか。

悪魔が造ったと言われていたポン・デュ・ガールは、全長四七〇メートル、高さ四九メートルの三層の石造りアーチ橋であり、ガルドン川の渓谷に映えた素晴らしいデザインである【写真22左】。その存在は、ローマ帝国・フランス、そしてEUの誇りであって、五ユーロ紙幣の図案にもなっている【写真22右】。一方コロッセオは、五セントのユーロ硬貨である【写真23】。お金で比較すると、ポン・デュ・ガールの方が圧倒的に価値があるのだが。

コロッセオの建設は、ポン・デュ・ガールとほぼ同じ時代である。渓谷での洪水対策のために橋脚の数を減らしたポン・デュ・ガールと、観客の出入りのために数多くの出入り口を設けたコロッセオとでは、上部構造はコロッセオの方が圧倒的に大きい。フィロンの「七不思議を凌ぐ」という言葉もあながち誇張ではないのである。

ではなぜウェスパシアヌス帝は、このような途方もない大円形闘技場を造ったのだろうか。カリグラ帝やネロ帝は、大規模な構造物を造ったり、見世物を開催したりした。しかし、これらは彼らの気まぐれや、市民の人気取りの要素が強い。このために、帝国の財政は傾いてしまった。さらにネロ帝の時代、ローマの大火や、火事の復興も進まないうちの増税や、富裕層からの皇帝への贈与という名目での略奪により、黄金宮造営までした。さらにネロ帝の自死後、一年間に四人も皇帝が乱立した内乱の時代に、ローマ市民の心は荒んでいた。

ウェスパシアヌス帝は、中流家庭に生まれ、帝国の隅々まで軍人として現地体験がある苦労人であった。だからこそ、人々の気持ちが良く分かったのだろう。ローマの人々に娯楽を与える、それも途方もない規模の大円形闘技場で。そうすることにより、ローマ市民の心に、ローマ人の偉大さを思い起こさせようとしたのである。それを首都ローマの真ん中、人々を苦しめたネロの黄金宮の跡地にシンボルとして造ったのだ。さらにコロッセオ建設は、ローマの大火で疲弊した人々への失業対策でもあった。したがって、着工は七一年から七七年と諸説あるが、早い時期に行われたのであろう。それとともに、ユダヤ遠征で獲得した多くの奴隷を使用したとの記述もあるが、それでは失業対策にならない。コロッセオ建設には高度な技術が必要であり、奴隷も使用したであろうが、建設技術を持った多くの退役ローマ兵士が参加したのであろう。

また、巨大な円柱をわずかな費用でカピトリウムへ運ぶと保証した工事技師に、「私には貧しい労働者を養わせてくれ」と言って断ったが、その技術者には褒美を与えたという。建設工事に際して、ポーズであろうが、自ら資材を運ぶ仕事をしたとのことである。そのくらい、ウェスパシアヌスはローマの人々のことを考えていた。彼は臨終の時に「最高司令官は立ったままで死ななければならぬ」と言っている。皇帝は人々の先頭に立って旗を立てる（方向を示す）べし、との信念があったのだろう。

では、ウェスパシアヌスは失業対策で財政を傾けたかというとそうではない。ネロの尻拭いの財政立直しのために、色々と新税を設けた。そのために彼は、強欲と言われあまり評判は良くなかった。それと共に、ウェスパシアヌスが司令官として遠征したユダヤ戦役で略奪したエルサレムの神殿の財宝を、建設資金等に使ったのである。

政治家・歴史家のタキトゥス（五五年頃〜一二〇年頃）が、著作の『同時代史』の中でウェスパシアヌスについて「彼はそれまでのすべての皇帝と違って、皇位についたことで以前よりも良くなったただ一人の皇帝である」と評価しているように、公正さと寛大さを持ち、その一〇年の治世の間、国内で不穏な出来事はほとんど起こらなかった。

三世紀以降のコロッセオ

コロッセオは二一七年、落雷で最上階が火災に遭い、その復旧のため、剣闘士闘技は五年間キルクス・マクシムスで開催された。また、四四二年と四七〇年、八四七年には地震で被災したが、その度に補修がなされた。最後に剣闘士の戦いが行われたのは四〇四年。五二三年に最後の猛獣狩りが行われた。

コロッセオに使用されている建材は、中世の間、他の建築物へと流用され続けた。外壁のトラバーチンはサン・ピエトロ大聖堂にも使用されている。コロッセオが無残な姿になることを惜しんだローマ教皇ベネディクトゥス一四世は、一七四四年「コロッセオは、多くの信者が殉教のために死んだキリスト教の聖地である」と宣言し、保存を図った。

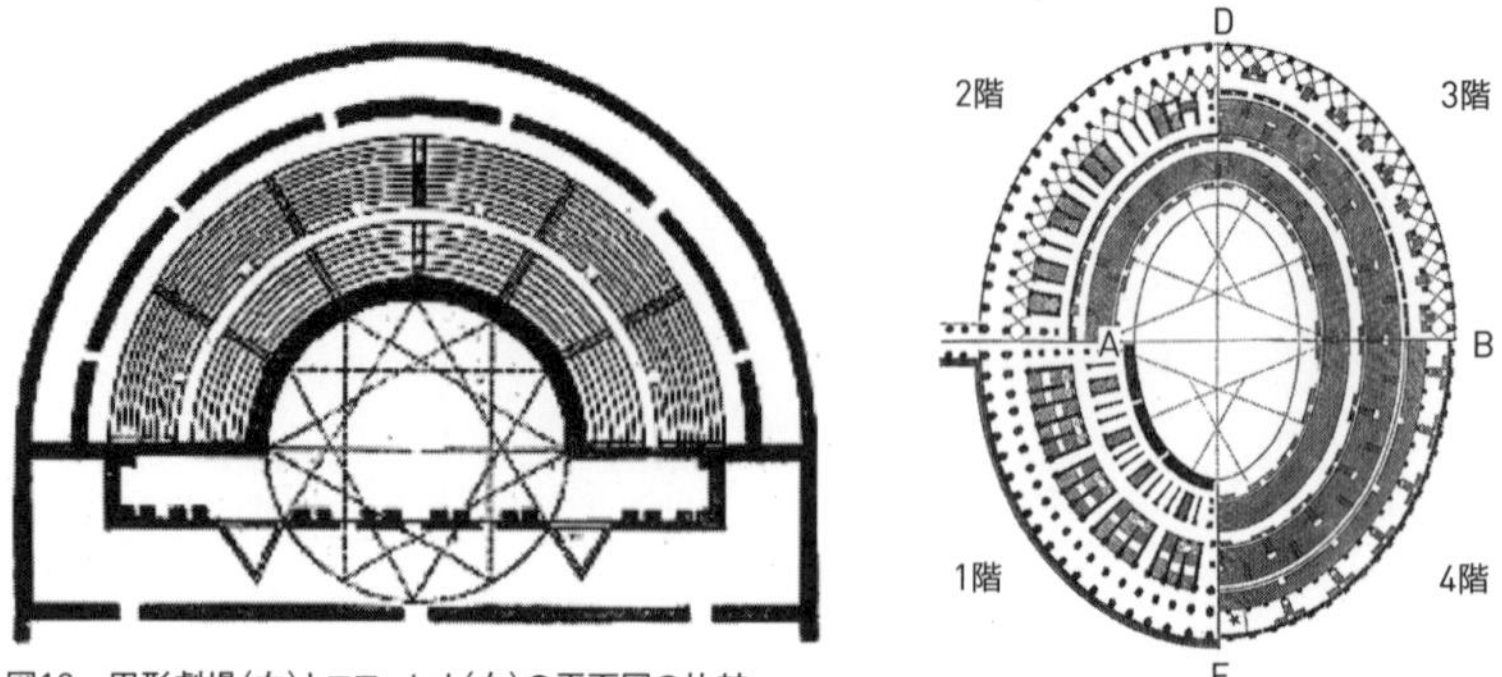

図18　円形劇場（左）とコロッセオ（右）の平面図の比較

このために、外壁の三分の二程度が現在も残っている。その姿を、ゲーテは「特に眺めがいいのはコリセオである。夜は門を閉めるが、一人の隠者が小さな堂宇に住まっており、乞食どもが荒廃した丸天井に巣くっている。ちょうど彼らは平土間で火を焚いていたが、静かな風が煙をまずアレーナの方に吹き寄せ、そしてその煙が廃墟の下部だけを包んで、上方の巨大な城壁がその上に暗くそそり立って見えた。……実にすばらしい眺めであった」と、一七八七年二月の『イタリア紀行』に記している。その頃のコロッセオはホームレスの住処であったのだ。

ゲーテは詩人、劇作家、小説家、哲学者、自然科学者、政治家（ワイマール公国首相）、法律家と多才であった。自然科学者として、ナポリ滞在中（一七八七年二月二五日～同年三月二九日）に、三度も噴火中のヴェスビオス山に登山したことがイタリア紀行に書いてある。ともかく好奇心の塊のような人であった。

円形闘技場と円形劇場の構造形式の比較

コロッセオの構造は図18のように、劇場（半円）を二つ向かい合わせたような楕円形型で、アンフィ（双）テアトルム（劇場）と呼ばれている。円形闘技場はギリシャ劇場にも見られるように、傾斜した地形を利用したものもあるが、多くは平地に建設され、アーチや半円筒型の壁によって観客席が支えられていた。写真24はマルケルス劇場とコロッセオの外観を示したものである。マ

写真24　マルケルス劇場(左)とコロッセオ(右)の外観の比較

ルケルス劇場の三階部分は中世に造り替えられてしまった。同写真から分かるように、マルケルス劇場とコロッセオの一階、二階の外観は非常によく似ている。しかし、デザイン的にはコロッセオの方が数段良いように思える。一階部分の柱はドリス式、二階部分はイオニア式、コロッセオの三階部分はコリント式である。したがって改変してしまったマルケルス劇場の三階部分はコリント式と想定されている。

コロッセオで注目すべきは、その圧倒的な規模以外では、デザインと天幕である。まず、外壁のデザインである。写真25のように、一階がドリス式、二階がイオニア式、三階がコリント式と下から年代が古い順に、また視点が近い方から、「簡素から豪華」へとデザインを変化させている。前記したように、コロッセオはマルケルス劇場、ポンペイウス劇場の真似をしている。このような素晴らしいデザインを創造したポンペイウスの審美眼に敬服する。さらに、二、三階のアーチ部分には装飾用の彫像が飾られており、その威容と装飾の美しさは、人々を圧倒するものであった。

次に、日除け天幕の張り方である。これが大変難しい。シビルエンジニアの著者も頭をひねるほどだ。コロッセオの外周長は五七六メートル。天幕用帆柱の長さは一〇メートル以上ある。天幕は図19に示すように、多くのロープと滑車を利用して張った。一本の帆柱に作業員が四、五人は必要であろう。二四〇ヶ所のロープを均等に張らなければならない。連絡用トランシーバーや張力計のない古代ローマ時代に、どうやって均等に張ったのであろうかと思う。おそらく、事前に二四〇本のロー

天幕用ソケット
配置図

3階コリント式
(アーチ4.2mB×6.5mH)
紀元前5世紀頃、アテナイで発明。溝が彫られた細身の柱身と、アカンサスの葉が飾られた装飾的な柱頭を特徴とする。都市国家のコリントスに由来する。ローマのパンテオンが代表的。

2階イオニア式
(アーチ4.2mB×6.5mH)
紀元前6世紀中頃、小アジアの南西沿岸及び島嶼からなるイオニア地方で誕生。渦巻模様が特徴。紀元前6世紀建設されたサモス島のヘラ神殿、エフェソスのアルテミス神殿等が代表的。

1階ドリス式
(アーチ4.2mB×7.1mH)
古代ギリシャ建築前期。柱頭に鉢形装飾等を持たず、しばしば荘重と表現される。アテネのパルテノン神殿が代表的。ちなみにパルテノン神殿の柱の高さは、10.4mである。

写真25　コロッセオのデザイン

プ(A)の途中の何段階かと、最終位置に目印を付け、単に幾何学的に、最終位置を目標に引っ張ったのであろう。

天幕の張り方は、まずアリーナ上に楕円形上のロープ(R)と上下方向引き込み用ロープとなるBを設置した。次にAのロープにRのロープを取付け、A、Cのロープを張り、二四〇本同時にAの目印位置まで引き上げた。この時、最終位置決定にはロープの伸びも考慮に入れなければならない。そのような解析のできる技術者がいたのであろう。ロープを張り終えると、図19下図のように、ロープ(C)をガイドに、天幕の布(D)を伸延したのである。この場合も軸に対称に伸延したのであろう。

コロッセオの天幕敷設は、ミセノに駐留している国営艦隊の水夫が行ったと言われている。このためだけに、はるばる約二〇〇キロメートルの距離のミセノから行ったのである。これだけでも大変な費用が掛かる。一方、ニームやアルル等の円形闘技場にも日除けの柱がある。ここまではミセノやラベンナの水兵が出張するわけにはいかなかったであろう。誰が幕を張ったのかとともに、どのように日除けの天幕を作ったのか興味が湧くところではある。日除け天幕の張り方のマニュアルがあって、熟練の水兵でなくとも、普通の軍団兵程度で設置撤去ができたのであろう。

円形劇場も図10のように天幕を張った。円形闘技場は、楕円形で長軸・短軸に対して対称であるが、円形劇場は半円形で短軸のみに対して対称。そうすると、円形劇場の天幕張はなおさら難しいのである。天幕の張り方一つをとっても大変な技術がいる。それを帝国各地で行っていたことは、凄いことである。マニュアル化と言っても、劇場や闘技場の規模が違うと計算をやり直し、大修正しなければならない。それができる技術者が帝国各地にいたのであろう。「コロッセオの

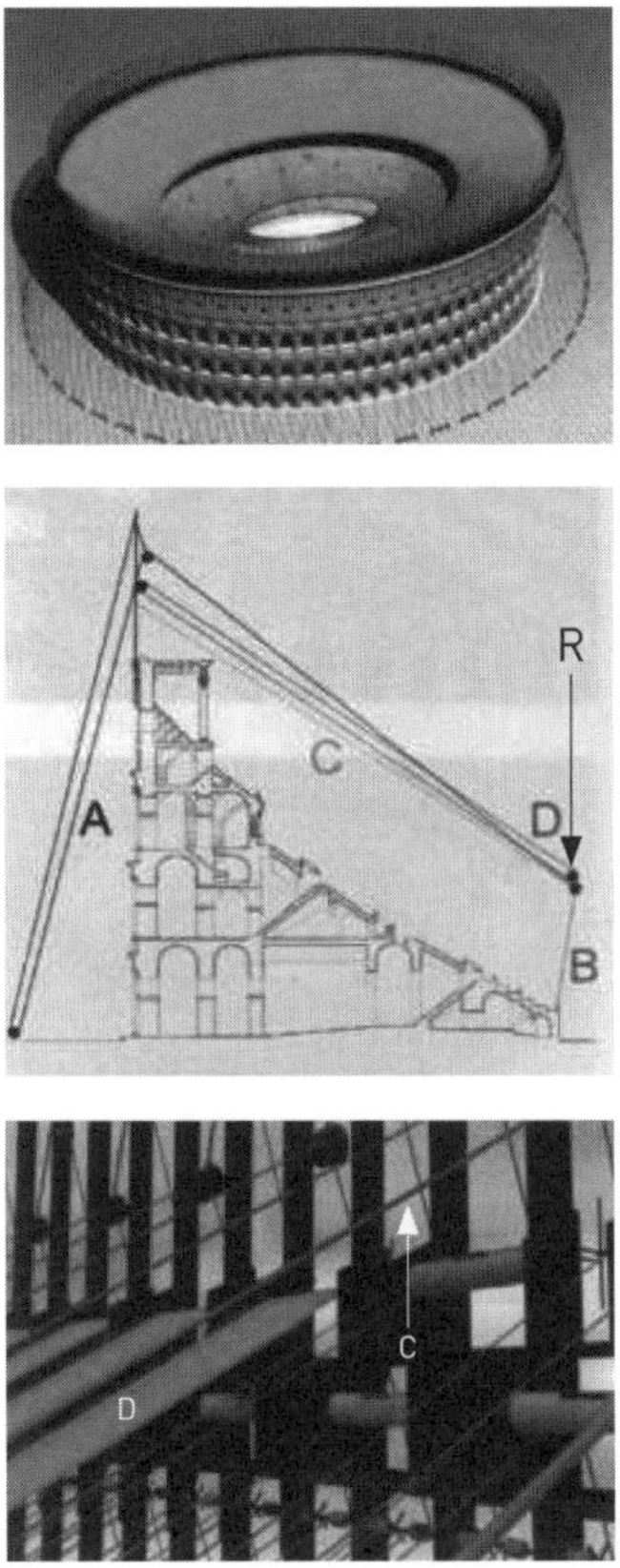

図19　円形闘技場の天幕の張り方

規模と構造」の項でも述べたが、恐ろしき古代ローマの技術者たちである。

コロッセオの建設

建設について分かっていることは、巨大構造物であるにもかかわらず、一〇年程度の短期間で完成したことである。そのためには、平面的に四分割して、請負に出し、各々の組に競争させ、上下方向の施工を、部分的ではあろうが、同時並行的に実施した。同時並行とはどういうことか。図15の断面図から分かるように、コロッセオは、柱・壁、床と観客席・階段から構成されている。はじめにヴォールトを構成するトラバーチンの柱部分を建設すれば、天井部分のコンクリート製アーチは、頑丈な支保工を使えば、上下同時作業ができ、急速施工となる。特にこの時代のコンクリートは強度が出るまでに数ヶ月掛かるので、この方式を採用せずに、下から順番に完成させていくオーソドックスな方式では、非常に時間が掛かってしまうのだ。このようなことも古代ローマの技術者は知っていたのだろう。

甲子園球場とコロッセオの比較

コロッセオは、野球場等のスタディアムの原型とも言われている。コロッセオと高校球児の聖地、甲子園球場の規模を比較してみた。甲子園球場は、一九二四年に建設された我が国最初の本格的球場で、高校野球の開催を目的としていた。外形寸法は二三〇×二一〇メートルである。内野スタンドの断面は図20に示す通り、高さ一五メートル、三層構造、上部に日除け、雨除けの鋼鉄製銀傘がある。外周方向は七五スパン、断面方向は一階部分で六スパン、鉄筋コンクリート製の壁・床構造である。

一方、コロッセオは、平面寸法は小さいが、高さは約三倍。外周方向、断面方向ともにアーチ構造で見た目に美しい。さらにコロッセオは、柱部分は一層部、二層部、三層部と様式を変え、素晴らしい景観を作り出している。一層部には八〇ヶ所の出入り口が設けられ、五万人の観客の入退場が迅速にできるようにしている。

図・写真や比較表から分かるように、どうもコロッセオの方がデザイン的に数段上のようである。特に、地震国イタリアで、若干の被災はあったにしても、二〇〇〇年近くもその形を保っているとは、凄いことである。詩人マルティアリスが、今、コロッセオの偉大さを謳ったとしたら、残念ながら日本人は「その通りである」と脱帽せざるを得ないのではないだろうか。

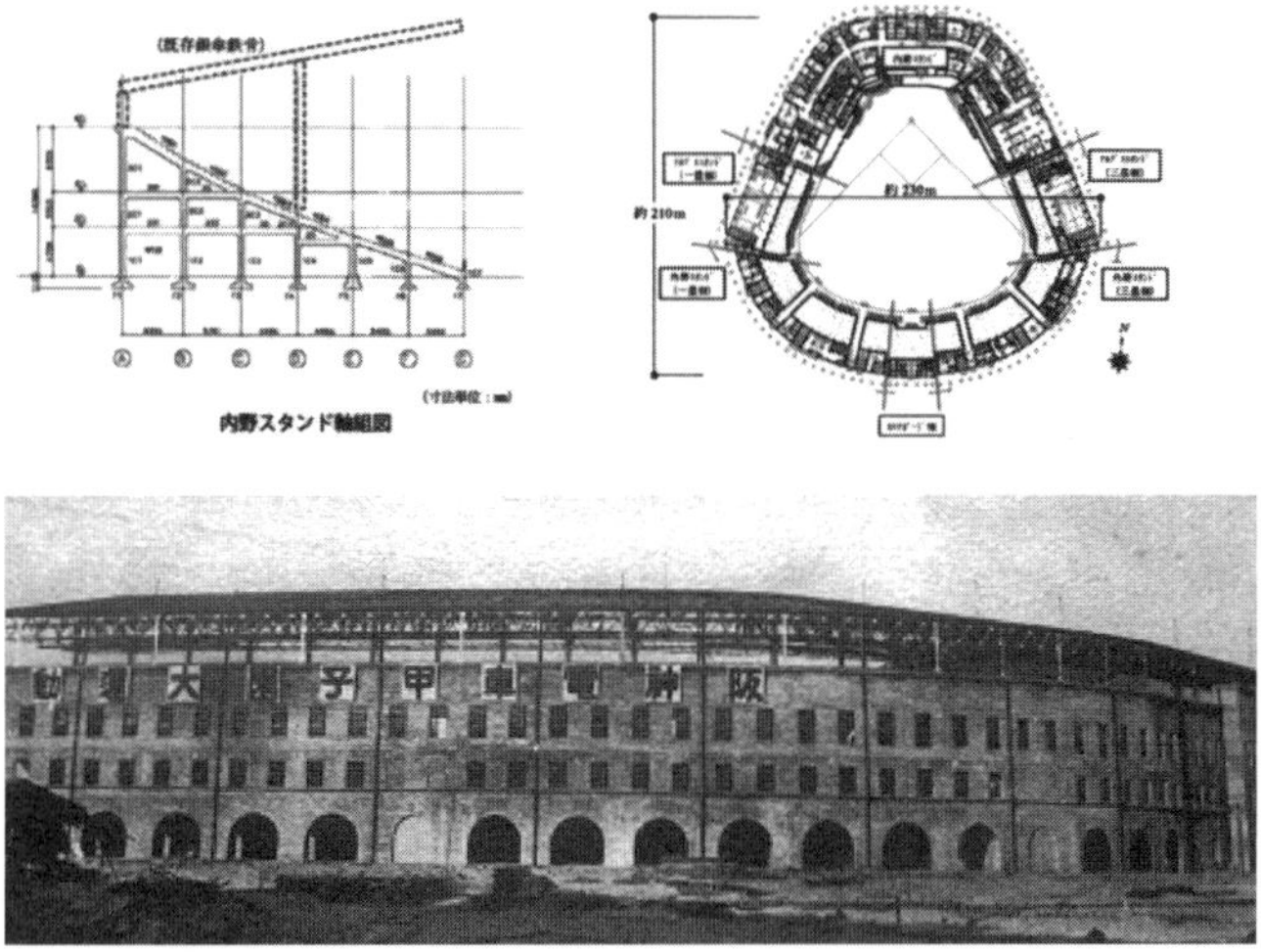

図20　甲子園球場

コロッセオ以外の円形闘技場

ローマ帝国内には二〇九ヶ所以上の円形闘技場があったが、ここではポンペイやコロッセオを除く首都ローマ、プテオリの円形闘技場について紹介する。

	コロッセオ	甲子園球場
完成年	80年代	1924年
外形寸法	188m×156m×48m	230m×210m×15m
高さ方向構造	4層	3層
周方向構造	80スパン	75スパン
断面方向構造	7スパン（1階部。不等間隔）	6スパン（1階部分:5〜6m間隔）
地下室	あり。猛獣の檻等	なし
構造	基礎部:31m×6mのドーナツ型コンクリート構造 上部:アーチ・床構造。石積コンクリート構造	基礎部:3m×3m×3m程度のコンクリート・フーチング基礎。75基 上部:壁・床構造。鉄筋コンクリート構造

表4　コロッセオと甲子園球場の比較

ポンペイの円形闘技場

剣闘士闘技は、古くはフォルム（広場）に木造の観客席を設けて開催されていた。現存する最も古い闘技場は、紀元前八〇年頃、マルクス・ポルキウスとガイウス・クゥイントゥス・ウァルグスによりポンペイに建造されたものである。地形を利用して土と石で造られた一三五×一〇四メートルの広さで、収容人数は二万人と言われている。写真26に示すように、アリーナには、エレベーターや地下室がない。ポンペイは七九年のヴェスビオス山の噴火で埋没した当時、人口二万人程度の都市であった。人口と同じ程度の収容人数の円形闘技場を持っていたということは、凄いことである。

ポンペイは、カンパニアの諸都市と同盟市戦争（紀元前九一年〜紀元前八九年）でローマに対抗したが、紀元前八九年にルキウス・コルネリウス・スッラの軍に敗れ、ローマの植民市となった。ローマの支配下に入った後のポンペイの正式名は、「Colonia Cornelia Veneria Pompeianorum（ポンペイ人によるウェヌス女神（ヴィーナス神）に献呈されたコルネリウス（スッラ）の植民市）」となった。スッラ軍団の退役兵の植民市としたのだ。ポンペイは、港があり、近くにアッピア街道が通っていたことで重要な拠点となり、以後、商業都市として栄えた。したがって、大きな円形闘技場や劇場を持つこともできたのである。

写真26　ポンペイの円形闘技場

首都ローマの円形闘技場

首都ローマで最初に造られた石造りの円形劇場は、初代皇帝アウグストゥスの時代の紀元前二九年、元老院議員スタティリウス・タウルスによりマルスの野に建設された、収容人数一万人と言われるタウルスの円形闘技場【図21】である。外壁は石造であったが、座席や階段は木造であったようだ。タウルスの円形闘技場まで、首都ローマに恒久的石造の円形闘技場ができなかった理由は、劇場同様、座席に座って観戦することが軟弱だと思われていたからであろう。

『ローマ皇帝伝』ティベリウス編に、テヴェレ川地域のフィデナエにアティリウスによって建てられた木造の円形闘技場が、基礎部および部材の継手不良により崩壊し、二〜五万人の観客が生き埋めになったとの記述がある。

三代皇帝カリグラは、剣闘士闘技や戦車競技を愛好し、壮大な円形闘技場を建設した。しかし建設途上に殺害され、四代皇帝クラウディウスはその建設を中止してしまった。したがって、具体的な規模は分からない。五七年にも、五代皇帝ネロが大規模な木造の円形闘技場を造ったと言われているが、六四年のローマの大火でタウルス及びネロの円形闘技場とともに焼失してしまった。

二番目の、そして最大の石造りの円形闘技場はコロッセオである。これについては記述したので省略する。

三番目には、トラヤヌス帝の時代にカストゥレンセ円形闘技場（八八×七五・八メートル：【写真27】）が、ローマ市の東部、マジョレー門の傍に造られた。レンガとコンクリート製で、元々三層の建物と思われるが、一六一五年の絵では上層が破壊されている。

写真27　カストゥレンセ円形闘技場

図21　タウルス円形闘技場想像図

二七一年からアウレリアヌス帝により建設された城壁に組み込まれてしまい、写真27のように、観客用のゲートは埋められてしまった。

プテオリ(ポッツオーリ)の円形闘技場

共和政時代及び帝政初期に、首都ローマへの食糧や産物の多くは、プテオリ港を経由してローマに運ばれた。それほどプテオリ港は重要港湾であった。また、風光明媚で近くには温泉があり、皇帝等の別荘が多数あった。例えばバーイエ(バイアエ)にはスッラやカエサル、キケロ、ネロ帝の別荘があった。前記したように、カリグラ帝が舟橋を造ったのは、プテオリとバーイエの間であった。それほど上流階級の人々に愛された場所であった。四六年頃に開港したクラウディウス港は、避難港として適していなかったために、同港の完成時にはあまり影響を受けなかったが、一一三年頃のトラヤヌス港完成および、プテオリ周辺の火山活動により引き起こされた緩漫地殻変動により、次第に寂れていった。しかしプテオリの町には、最盛期には戦車競走場と円形劇場が一つずつ、円形闘技場が二つもあったのだ。円形闘技場が二つ以上あったのは、プテオリとローマ、チュニジアのウティカとエルジェムだけであったから、プテオリの繁栄ぶりが分かる。

最初の円形闘技場は、ポンペイと同じスッラの時代(紀元前八二年頃)に造られた。外形寸法は一三〇×九五メートル、地下の施設はなく、剣闘士闘技専用と思われる。自然地形を利用して外壁構造物を極力少なくしている。

写真28　プテオリの円形闘技場全景とコンクリート製外壁

写真28の二つ目の円形闘技場は、ネロ帝の時代に着工され（六〇年）、ウェスパシアヌス帝の時代に完成（六九年）。外径一四九×一一六メートル、内径七五×四二メートル、収容人数は四万人。コロッセオとの大きな違いは、レンガ型枠を利用したコンクリート構造である。プテオリはセメント発明の地であり、セメント材料となる火山灰が豊富にあったためと思われる。地下につながる四四ヶ所の開口部があり、野獣狩りのためのエレベーターがあった。

剣闘士闘技の開催費用

剣闘士の試合は、もともとは死者を弔うものであった。それが変質して興行となり、大規模に、派手になっていった。参加剣闘士の数が増え、敗者の剣闘士の死が多くなり、それを観衆が喜ぶようになったのである。

ジョルジュ・ヴィルの研究によると、紀元一世紀において、一〇〇試合に出場した二〇〇人の剣闘士のうち、死亡者は一九人。つまり生存率は九割を超えている。しかし、三世紀には一試合おきに一人の剣闘士が死亡したため、生存率は七割五分に下がった。いずれにしろ、生か死、すなわち生存率五割ではなかったようである。

一般に、剣闘士の死亡率が高くなれば、興行費用は多額になる。マルクス・アウレリウス帝の時代に、剣闘士試合開催費用の上限を四等級に分け、一級は三〜六万セステルティウス、二級は六〜一〇万セステルティウス、三級は一〇〜一五万セステルティウス、四級は一五〜二〇万セステルティウスとする元老院決議（一七六／一七七年）が決定されたほどである。制限を設けたということは、実際にはもっと高かったのであろう。その費用に主催者が音を上げたということだ。興行費用は基本的に公費ではなく、私費によるものだったと言われている。しかし純粋に私費開催ならば、いくら掛かろうが元老院の関知することではないように思うのだが。元老院決議をするということは、上限金額まで国費補助ということなのだろうか。いずれにしろ、私費・国費の区分は不明であり、皇帝主催の費用の出所も、私費なのか国費なのかもよく分かっていないのである。二〇万セステルティウスは、現在の価値に換算すると八〇〇〇万円相当となる。ポケットマネーで出すにしては大きすぎる金額を、どのように工面したのだろうか。

最高級剣闘士の一回の出場料は、一万五〇〇〇セステルティウス。最低級剣闘士で出場料は一〇〇〇～二〇〇〇セステルティウスである。この数字から一回当たりの試合数を推測すると、最低の一級の試合数は一五試合程度。最高の四級は七試合程度となる。これはあくまでも剣闘士への支払い費用ベースであり、野獣狩りや開催の準備費用は含まれないが、剣闘士闘技開催費用の大体のイメージは掴んでいただけたであろう。しかし闘士は命をかけて戦うのであるから、一日に数十試合もできなかったのではないだろうか。

皇帝等主催者は、なぜ血や死を見る剣闘士闘技を重んじたのか

このように莫大な費用を要する剣闘士闘技の見世物を、皇帝等為政者や有力者がなぜ重んじたか。これについては様々な説があるが、主に「血を見ることの訓練」「市民の統治」「命令に従う」「人気取り」の四つである。

一つ目の「血を見ることの訓練」とは何か。補助執政官を務めた小プリニウス(六一年〜一一二年)は、トラヤヌス帝を褒め称えた『頌詞三三節』の中で、剣闘士闘技の見世物の意義を「見世物は、無気力で自堕落なものではなく、人々の精神を軟弱にしたり意気を阻喪させたりするものでもない。奴隷や罪人たちの身体に関しても栄誉への愛や勝利への願望が認められるのだから、負傷することの名誉や死(の恐怖)への軽蔑がかきたてられるものと思われた」と書いている。これは剣闘士の試合で流血を見物することによって、戦い、すなわち血と死への恐怖が弱められるということだ。

同様に、一八世紀の啓蒙思想家のモンテスキュー(一六八九年〜一七五五年)は著作『ローマ盛衰原因論』の中で、「ローマ軍が主として注意したのは、自軍に対する敵の優勢は何によるかを検討することであり、まずそれを処理した。彼らはエトルリア人から取り入れた剣奴の見世物で、流血や負傷を見慣れていた」と記述している。剣闘士闘技が、ローマ軍の武力の維持に貢献したという意見だ。

なぜそれが必要かというと、古代ローマは覇権国であり、軍隊を重んじていたからである。基本的に、軍団兵の主力はローマ市民であった。そして、常勝のローマ軍を作るために厳しい訓練が行われた。常在戦場である。ヨセフス(三七年〜一〇〇年頃)はその訓練を称え、「ローマ兵の無敵の強さがとくに命令への服従と武器使用の訓練の賜物であることを知っていた。……身体の強靭さと精神の勇猛さによって、全世界とでもいうべき世界を支配している」と『ユダヤ戦記』に記述した。彼はユダヤ戦争(六六年〜七三年)で当初、ユダヤ軍の指揮官として戦い、六七年にローマ軍に投降し、皇帝ウェスパシアヌスに重用された人物である。

戦闘訓練とはどのようなものであったかを物語る資料が、英国のイングランド北部にあるハド

写真29　戦闘訓練の様子

リアヌス長城のバードスワルド砦に掲示されている【写真29】。イングランド北部の冬は厳しく、戸外の訓練は困難である。そこで砦の中に一六×四三メートルの屋内訓練所を設け、実戦さながらの戦闘訓練を毎日行っていた。剣は木製であったので、血を見ることはなかった。血や死を見させる訓練は、円形闘技場の剣闘士闘技というわけである。その英国には一三ヶ所以上もの円形闘技場があったのだ。

二つ目の「市民の統治」とは何か。哲人皇帝マルクス・アウレリウス（在位一六一年～一八〇年）の教師であり、修辞学者でもあり、さらに一四三年の執政官を務めたコルネーリウス・フロントは「皇帝（トラヤヌス）が俳優やそのほかの舞台人たち、あるいは戦車競技場や闘技場の演者たちを決して軽視しなかったことは、政治的見識の最高原理から導かれたもののように思われる。彼は次のことを知っていたからである。ローマ市民たちが特に二つのもの、食料の分配と見世物にとらわれていること、支配が真摯なことに劣らず娯楽によって承認され、真摯なことをなおざりにすると大きな損害が、娯楽をなおざりにすると甚だ激しい不和が生じること、食料の分配が見世物ほど強烈には求められていないこと、食料の分配によっては穀物受給資格を有する大衆が一人ずつ個別に宥《なだ》められるのみだが、見世物興行によっては全ての市民が和解されることを（知っていたのである）」と、著書『歴史への序』の中で述べている。見世物の提供は、パンの支給よりも統治のために必要欠くべからざるものとの認識を示している。

それは、共和政ローマの時代、執政官以下の政務官は民会による選挙で選出されたためである。また、アウグストゥス帝が創設した帝政ローマも、皇帝は元老院議員の第一人者、すなわち表向きは世襲ではなく、元老院の推挙、市民の人気が必要だったためである。それゆえ為政者は、市民を統治する、イコール市民の機嫌を取ることが必要だった。

ユウェナリスの「パンとサーカス」は、皮肉に満ちた言葉であるが、フロントの「食糧の分配と見世物」は、必要欠くべからざるものとの見解である。ユウェナリスは風刺詩人であり弁護士であった。一方フロントは、二ヶ月間と短期間ではあるが、執政官を務めた政治家。立場の違いが、意見の相違になったのであろう。

三つ目の「命令に従う」とは、主催者、すなわち為政者の決定に観客が従うということだ。剣闘士の戦いは一対一で行われるのが基本である。試合の敗者が死者となるとは限らない。降参をした敗者は観客に命乞いを行い、観客はそれに対して「殺せ」「助命しろ」と叫ぶ。負けても、剣闘士の戦いが勇敢で観客に満足感を与えるものであれば助命され、逆に臆病な戦い方をしていた敗者に対しては、観客は冷酷に死を与えることを望んだ。主催者は観客の声に耳を傾けて、最終的な裁定を下したという。それに対して、観客は従ったのだ。司令官の命令に兵士が絶対服従するように。

四つ目の「人気取り」の手法は二つあった。将来の立身出世のための選挙運動と、一般大衆への見世物興行や食料・金銭などを贈与する恵与指向（エヴェルジェティズム）である。

立身出世については、次節のカエサルの剣闘士試合の提供で説明する。恵与指向は古代ギリシャ、ローマ人の特徴で、共同社会（都市、団体他）が公共的費用（建設や娯楽等）のために金銭的寄付を金持ちに期待し、金持ちがそれに応えるというパトロン的なものであり、恵与者は被恵与者からの人気を勝ち取ることができた。

以上の意見から、読者諸氏は、なぜローマの為政者が剣闘士闘技を行ったのかの解答を見つけられたであろう。まずローマの人々が、剣闘士闘技の観戦を喜んでいたのが前提である。次に円形闘技場で観戦し、敗者の生死を決めることで、為政者、すなわち主催者を中心として、観客＝ローマ人が一体となることができた。たとえ不満があったとしても、決定には全員一致で従うのだ。さらに、兵士となる人々、あるいは兵士の家族が、血や死を恐れなくなった。これにより、最強のローマ軍団の、死をも恐れぬ一体感が醸成できたのである。ただし莫大な金が掛かったことは間違いない。しかし、戦争に敗れるよりも数段効率的で、訓練費用と思えば安いものであっただろう。

皇帝達と剣闘士闘技

皇帝達が剣闘士闘技をどのように考え、提供したのかについて、カエサルからローマ帝国滅亡後までの状況について紹介する。

ユリウス・カエサル

カエサルは紀元前六五年に造営官になると、剣闘士試合を開催した。『プルターク英雄伝』カエサル編には「剣闘士三二〇組を提供した他、演劇、行列、饗宴に対する豪奢な支出によって前任者たちの意気込みを空しくさせたりしたので、民衆の一人ひとりがカエサルに償いをつけるような新しい官職や新しい名誉を探す気持ちになった」とある。

カエサルは、三〇年前に亡くなった父親の追悼という名目で試合を開催した。しかし、これは追悼ではなく、「民衆の一人ひとりがカエサルに償いをつけるような新しい官職や新しい名誉を探す気持ち」と記しているように、実際は選挙対策であったと言われている。剣闘士闘技に類する催し物を段取りするのは、造営官の仕事である。この職位の時に、例えば剣闘士試合の私費開催をすれば、市民に喜ばれ、次の職位、法務官選挙の当選は間違いないのだ。共和政時代は、法務官に当選すれば次の属州総督の地位が保証されたようなもので、属州総督になれば、私腹を肥やすことはわけもなかった。

初代皇帝アウグストゥス

共和政から帝政になると、剣闘士闘技は、元々の神聖な意義は失われ、残酷さによって大衆の熱狂を煽るような娯楽に堕落していった。これは演劇が変質したのと同様である。共和政時代、剣闘士の試合は年に三～四週間開かれる程度だったが、帝政期になるとより盛んになったようである。アウグストゥス帝の時代には、通常年二回の剣闘士試合が開催されたとのことである。また『アウグストゥス帝の業績録』には「剣闘試合を子や孫の名義も含め、八回開催し、合計約一万人の剣闘士が戦った。猛獣狩りは二六回開催し、約三五〇〇頭の野獣が殺された」とある。八回で一万人ということは、一回に一二五〇人の剣闘士が闘ったことになる。一回を一日とするとさすがに多すぎるので、一回の試合とは数日間だったのであろう。

第一〇代皇帝ティトウス

『ローマ皇帝伝』には、ティトウスがコロッセオの落成式に「たった一日で、あらゆる種類の野獣を五〇〇〇頭も出場させた」とある。野獣というのはどの程度の動物だか不明だが、猛獣であったとすれば、そんなに多数を集めるのは不可能ではないだろうか。

第一三代皇帝トラヤヌス

トラヤヌス帝は、一〇七年ダキア征服を祝い、一二三日間連続で五〇〇〇〇人の人間と、一万一〇〇〇〇匹の動物を殺したという記録が残っている。一四世紀に書かれたダンテの『神曲』の中には「キリスト教以前の皇帝では トラヤヌスにだけ天国の座が与えられている」と記されている。貧者に生活必需品を支給する政策を取ったり、子供たちのための養育資金(アリメンタ)を設立したりしたためであろう。このように、天国に地位を与えられた慈悲深い皇帝ではあるが、剣闘士闘技や野獣狩りの殺戮は、慈悲とはまた別のようである。ルーマニア国歌二番の歌詞の中で、「今こそ世界に知らしめよ ローマの血を引く我等の血潮 胸に誓いて賞賛するは 歴戦の勇者 雄々しきトラヤヌス帝」と謳われている。剣闘士闘技は残酷だとは思われていなかったようだ。しかしこの規模の剣闘士闘技が本当に可能であったのかと疑問に思うので、以下に推論をしてみた。

平均一日当たり九〇頭(一万千÷百二十三≒九〇)の猛獣狩りを、四〇組以上(五〇〇〇÷一二三≒四〇)の剣闘士の試合の前座として行うことが可能であろうか。剣闘士達は、戦いが始まる前にロイヤル・ボックス前で「死に赴かんとする我ら、皇帝にご挨拶つかまつる」と述べる。そのような大事な場所が、野獣の血で汚れていては様にならない。その前に、アリーナの砂の入れ替えが行われたのではないか。また、長時間の興行であるため、観客達は昼飯の時間も必要である。したがって、前座に長い時間を割くわけにいかない。猛獣狩りを午前の三時間で行うとしたら、どのような段取りとなるのであろうか。平均でも時間当たり三〇頭、そうすると地下にある猛獣の格納場所のスペースと、地下からアリーナへのリフトの数が問題となる。一方で、四〇組の剣闘士の試合はどのように行われたか。集団戦ならそれほど時間が掛からないが、降参した剣闘士の判定を、一組ずつ観客の意向を確かめて行えば、大分時間が掛かる。一日だけの興行なら少々時間が掛かっても構わないが、一二三日間である。観客は猛獣狩りや剣闘士試合を見て、賭けをして、興奮する。夏季には汗水だらけではないだろうか。すると人々は、午後早くから開業する公共浴場に行きたがるだろう。したがって、毎日長時間の興行は不可能ではないか。筆者には誇大な数字に思えるのだが、読者諸氏は、どのようにお考えだろうか。

第二五代皇帝フィリップス・アラブス、それ以降の剣闘士闘技

二四九年のフィリップス・アラブス帝(在位二四四年〜二四九年)によるローマ建国一〇〇〇年記念(四月二一日〜二三日)においては、一〇〇〇組の剣闘士の真剣勝負と、象三二頭、大ヘラジカ一〇頭、虎一〇頭、飼い慣らされたライオンと豹それぞれ三〇頭、ハイエナ一〇頭、カバ六頭、サイ一頭、シマウマ一〇頭、キリン一〇頭、野生ロバ二〇頭、野生馬四〇頭の殺戮があった。

二八一年、プロブス帝(在位二七八年〜二八二年)は、ゲルマン人との戦に対する勝利を祝い、凱旋式を挙行した。そこではライオン二〇〇頭、豹二〇〇頭、熊三〇〇頭が殺されたという記録が残っている。

しかし、こうした野蛮な剣闘士闘技は、キリスト教が浸透していく中で次第に非難されるよう

図22　剣闘士の試合をめぐる落書き

になり、ホノリウス帝（在位三九五年〜四二三年）によって剣闘士試合は禁止され、ついに東ゴート王国支配の五二三年に最後の猛獣狩りが行われ、剣闘士闘技の見世物も幕を閉じることとなった。

剣闘士闘技はローマ人の最も好んだ見世物であるが、年間の開催回数は、それほど多くなかったのではないだろうか。その理由は、開催に莫大な金額が掛かったためである。

剣闘士闘技に対する観衆の評価

剣闘士は命を懸けて争う。勝てばヒーローだが、負ければ命を失うこともある。スリリングな生き様が、若い女性の心を射止めたのだ。図22のような落書きが街中にたくさんあり、その中には「網闘士クレスケンスは少女たちの癒し手」「娘たちのためいきであるトラキア闘士ケラドゥス」などのようなものもあった。ともかく剣闘士は女性にもてたのだ。ポンペイ最後の日、貴婦人が剣闘士奴隷と最後のひと時を過ごしていたという遺体が掘り出されているぐらい、剣闘士は女性の憧れの的であった。

その女性の憧れの的、剣闘士として、皇帝や元老院議員等の有名人も出場し、命を懸けて戦うのだ。闘技場が満員となることは間違いない。しかも、剣闘士同士の勝敗、すなわち彼らの生死の判定も観客ができるとなれば、皆熱狂的になる。そこでは当然、賭けもあっただろう。古代ローマ人が我を忘れて熱狂する要素は十分にあったのだ。

第五章
戦車競走

戦車競走【写真30】は、古代ギリシャやローマにおいて、最も人気のあった娯楽の一つである。戦車同士が速さを競い、御者および馬が死傷することさえ珍しくないというスリルがあった。現代のモータースポーツと同様に、人々はその刺激に魅せられたのである。剣闘士闘技と同じように、この時代は危険や死についての見解が、現代とは全く違うのである。そして皇帝などの為政者たちも戦車競走が大好きであった。

競走が行われた場所はCircus（ラテン語：サーカス）。首都ローマのアヴェンティーノの丘とパラティーノの丘の谷間にあるキルクス・マクシムス（Circus Maximus）は、大競走場という意味である。

図8に示したように、戦車競走場の数は、円形劇場、円形闘技場比べると、はるかに少ない。しかし一ヶ所当たりの収容人数は多い。戦車競走は古代ギリシャに由来して、ギリシャやその影響圏のトルコ等では盛んであったが、首都ローマを除くその他の地域には、限定的にしか普及しなかったようである。

写真30　戦車競走（メリダ博物館）

ユウェナリスの生きた一〇〇年頃の首都ローマの戦車競走場と円形闘技場の数を比較すると、戦車競走場は四ヶ所、円形闘技場は二ヶ所。収容観客数は戦車競走場の方が多い。それぞれの競技の開催回数は不明であるが、収容観客数から判断して、戦車競走の方が人気があったのであろう。したがってユウェナリスは見世物の代表として、剣闘士闘技ではなく、戦車競走を選んだのである。

ちなみに、現代のサーカスは、人の曲芸、動物の芸、そして道化による笑いで構成されている。近代サーカスは一七七〇年、フィリップス・アストリーによるロンドンのアストリー・ロイヤル演芸劇場での開演が原点である。

写真31　映画『ベン・ハー』

手に汗握る戦車競走で人々を興奮させたのが、一九五九年公開の映画『ベン・ハー』である【写真31】。紀元一世紀前半のユダヤの話で、ユダヤ王族の息子ベン・ハーが、幼馴染だったローマ駐屯軍の将校メッサーラに、ユダエア属州の総督暗殺未遂の濡れ衣を着せられ、家族離散となってしまった。自身は奴隷以下の罪人に落とされるという憂き目に遭う。ベン・ハーは、ローマ軍のガレー船の漕ぎ手として海戦に参加し、軍司令官の命を救ったことにより、彼の養子となった。その後、戦車競走の御者として注目され、やがてエルサレムで、不敗のメッサーラとの一騎打ちに挑む。ベン・ハーは自分の家族を陥れたメッサーラに対して復讐の鬼と化し、激戦の末、勝利。メッサーラは瀕死の重傷を負い、苦しい息の中、ベン・ハーの母・妹の居場所であるハンセン病の療養場を告げ、彼女らの病が奇跡的に癒えたという話である。戦車競走のシーンは凄まじい迫力があり、一見の価値がある。それを示すように、映画『ベン・ハー』は、アカデミー賞の一一部門を獲得した。

この章では、古代ギリシャが起源と言われる戦車競走の由来や歴史はどのようなものであったのか、戦車競走場は、どんな規模のものであったのか、そして皇帝達はどのように戦車競走を提供したのか。さらに、戦車競走に対する観客の評価はどのようなものであったのかを紹介する。

戦車競走の歴史

戦車競走の始まりについて、正確な記録は残っていないが、人が走り、騎馬が駆ければ、自然発生的に競走が行われたものと思われる。戦場で戦車が使用されるようになれば、訓練のため、競走が行われたのであろう。

兵士を乗せ、馬に引かせる戦闘馬車が戦車（チャリオット）である。日本の戦いの歴史の中で、戦車の登場というのは聞かない。馬の飼育があまり行われていなかったためと、平坦な地形が少ないためであろう。しかし、古代の中国やエジプト等、多くの国々で戦車が使用されていた。古代エジプトのラムセス二世（紀元前一三世紀）の壁画【写真32】に見られるように、御者兼戦士の場合もあるが、御者と戦士が同乗する場合が多い。御者と戦士の役割が分離できれば、大型の槍や弓を扱うことができ、大きな破壊力があった。『ガリア戦記』に、ブリタンニア遠征で、戦上手なカエサルが、原住民の戦車攻撃に苦戦している様子が描かれている。戦車は、英国のように平坦な地形では有効であったが、複雑な地形では制御が困難である。そのため、後に騎兵の進歩に取って代わられてしまった。

写真32　カデシュの戦いで戦車に乗るラムセス2世（アブ・シンベル神殿壁画）

古代ギリシャ、ミケーネ（紀元前一五世紀～紀元前一二世紀）出土の陶器には戦車競走が描かれており、その存在が確認されている。また紀元前八世紀のギリシャの吟遊詩人ホメロスの詩、『イリアス第二三歌』パトロクロスの葬送競走に、戦車競走に関して次のような記述がある。「親友パトロクロスの死を悼んだアキレウスが主催した戦車競走の参加者は、ディオメデス、エウメロス、アンティロコス、メネラオス、メリオネスであった。木の切り株を折り返して、一往復した二頭立ての戦車競走で勝者となったディオメデスは、褒美として女奴隷を一人と大釜を一つ与えられた」。そして、アンティロコスの老父ネストルが、若き日に出場した戦車競走会について言及していることから、死者を葬る際に戦車競走会を催すことは、特に珍しいことでなかった。剣闘士闘技同様、戦車競走は、葬式の儀式の一つであったようだ。

写真33　4頭立ての戦車（紀元前540年頃、ミュンヘン古代美術博物館）

オリンピックと戦車競走

古代オリンピックをはじめとする汎ギリシャ的規模の競技大祭では、二頭立て（シノリス）および四頭立て（テトリッポス。【写真33】）の戦車競走が行われた。古代オリンピック（色々な説があるが紀元前九世紀頃より）に戦車競走が加わったのは、紀元前六八〇年の第二五回大会とされている。この時は四八スタディオン（八六四〇メートル）の距離で争われる四頭立て戦車競走であった。また、第三三回大会（紀元前六四八年）からは競馬競走も行われたようである。四八スタディオンの距離は、競馬、例えば東京競馬場の芝二四〇〇メートルで行われる日本ダービーに比べて、圧倒的に長い。戦車競走は、戦車による戦いから発展した。戦闘は長時間掛けて行われることが多いので、長距離競走となったのではないだろうか。ちなみに世界最初の競馬場は一五四〇年、イギリスのチェスターに建設され、近代競馬が行われるようになった。

　戦車競走はまず競走場(ヒッポドローム)への行列から始められ、伝令はその間、御者と戦車の持ち主の名前を読み上げた。オリンピアの競走場は、長さ約五五〇メートル、幅は約二七〇メートルあり、一万人の観衆が収容可能であった。四頭立て戦車競走は、競走場を一二周する。レースの開始は「鷲」や「イルカ」と呼ばれる装置を高く掲げることで示され、競走が進むと残りの周回数を示すために降ろされた【図23】。戦車競走の最もエキサイティングな個所は、競走場の両端の折り返し点。高速で走るスケートと同様に、コーナリングが重要であり、競走場を何周も回ることは、それだけスリルが増すものである。

古代ローマの戦車競走

　ローマ人たちに戦車競走を伝えたのは、ギリシャ人を介して、エトルリア人たちである。ローマの初代の王ロムルスが、紀元前七五三年にサビニ人を招待して戦車競走をしたと記されている。サビニの男たちが戦車競走に興じている間に、ロムルスとその部下たちは、サビニの女たちを捕まえて連れ去り、妻とした。いわゆる「サビニの女たちの略奪」である。

　エトルリア人の五代目王タルクィニウス・プリスコ(紀元前六一六年~紀元前五七九年)は、ラテン人との戦いの勝利を祝い、戦車競走とボクシングからなる競走祭を開催したと言われている。その場所が、キルクス・マクシムスであった。彼は七つの丘に住んでいる不便さや人口の増加から、パラティーノの丘北側の未開発な低湿地、現在のフォロ・ロマーノの利用を考えた。大排水路(クロアカ・マクシマ）を造り、排水をすることにより、人が住み、建築物を建てられるようにした。いわゆる干拓事業である。同様に低湿地であったキルクス・マクシムスにも排水路を設け、干拓して、戦車競走場が造られた。

競走の手順がどのようなものかを紹介する。戦車の準備が整うと、皇帝等の主催者が「マッパ」と呼ばれる布を落とし、レースの開始を知らせた。レースが一旦始まれば、戦車は互いに走行し、競走相手の車をスピナ（分離帯）に衝突させようと試みた。スピナには、時代が下るにつれ、彫像やオベリスク、その他芸術的な装飾が施されるようになった。これらによって観衆はスピナの向こう側を走る戦車を見ることが難しくなったが、人々は、これがより観戦の興奮を盛り上げるものと考えていたようである。スピナの両端には折り返し点を示す標柱もあった。

レースそのものはギリシャ時代とほとんど変わらなかったが、ローマ時代には毎日、何十回ものレースが、時には年に何百日も連続して行われていた。そのため走行距離は、ギリシャの一二周から七周へ減少した。さらにドミティアヌス帝は、一日当たりのレース数を増やすために五周とした。そして一日一〇〇回の発走を可能にしたと記録されている。

我が国には、競馬はあるが、戦車競走はない。競馬との比較で戦車競走の迫力を想定した。戦車競走を一レース一二台の四頭立ての戦車とすると、騎手一二人、馬四八頭である。現在、我が国の競馬は一レース一六～一八頭出走。四八頭といえば、その約三倍の馬の数である。とにかく迫力は凄かったであろう。

さらにレース数は、我が国の場合、一日一二レース程度。距離にもよるが三〇分間隔ぐらいで出走する。それが一日に一〇〇レースであり、馬の数だけでも延べ四八〇〇頭となる。本当にこれだけ馬を集められたのか。また、一〇〇レースを例えば一〇時間でこなすとしたら、六分おきの出走となる。この時の走行距離は不明だが、古代オリンピックは一二周で八六四〇メートルなので、五周とすると三六〇〇メートルとなる。日本競馬の最長距離レースは一九七五年まで続いた中山競馬場の四〇〇〇メートルステークス。一九七三〜一九七五年までの優勝タイムの平均が四分三〇秒である。これは我が国の最優秀サラブレッドの記録である。三六〇〇メートルの四頭立て戦車競走とすると、レースの間隔は、一〇分程度は必要なのではないだろうか。一〇〇レースを行うには、一七時間も掛かってしまう。さらに、一〇〇レース×五周も馬や馬車に馬場が踏みつけられてしまえば、良馬場は期待できない。きっとハプニングだらけの戦車競走となるだろう。大迫力は間違いないが、その場で観戦するにも大変な努力が必要だったのではないだろうか。故に、一日一〇〇レースというのは、筆者には眉唾に思えてしまうのだが。

戦車競走の走行距離を短くしてレースの数を多くするのは、観客をより熱狂させるためである。当然、賭けもあった。人々が熱狂したのは、チームプレーと個人プレーの混合で行ったためでもある。チームプレー、すなわち戦車競走の党派の発展が、ネロ帝のもとで始まったと言われている。

最も重要な党派は赤、青、緑、そして白の四つ。赤チームは軍神マルスに、白チームは西風の神ゼフィロスに、緑チームは母なる大地もしくは春に、青チームは空と海もしくは秋に献じられている、という記録が『見世物について』に残されている。ドミティアヌス帝は紫と金チームの二つの党派を作ったが、それらはすぐに消滅してしまったと言われている。三世紀には青と緑チームのみが重要性を持つようになった。それらの党派は元々、競走馬を生産するさまざまな厩舎の関係者や後援者たちによって組織されていた。

各々のチームは一レース当たり三台までの戦車を出走することができた。同じチームの構成員同士は互いに協力し、例えばスピナに向けて相手チームが衝突するように仕向けるなど駆引きをして、他のチームと競った。これが面白いのだ。観客にはそれぞれ贔屓のチームがあり、賭けが行われれば熱狂しない方が不思議である。カリグラ、ネロ、ドミティアヌス、コンモドゥスの悪帝と称される皇帝たちは緑党であった。

観衆を熱狂させるためには、戦車の御者の腕が大事である。御者の技術が拙劣だったら、観客を興奮させることはできない。御者の技術を高めるために、どのような方法を取ったのか。第一に、御者自身が、ギリシャ時代同様、多くは奴隷であったにもかかわらず、競走の勝者と見なされた点である。彼らは月桂冠と賞金を獲得し、十分な数の勝利を得れば自由民としての身分を買うことができた。すなわち御者には、勝つためのインセンティブが与えられていた。これは剣闘士と同様である。有能なものは氏素性関係なく優遇する。古代ローマならではの仕組みである。

第二に、ローマ期の御者たちは、ギリシャ期とは異なり、危険なプレーから身を守るため、ヘルメットや頭部を保護するものを被っていた。ギリシャ期の御者が手綱を両手に持っていたのに対して、ローマ期はウエストに手綱を巻きつけていた。このため、高度な戦車操縦が可能となった。しかし、戦車が事故に遭った際、手綱に絡まったまま競走場内を引きずられ、死傷することも多かった。このような状況に備えて、御者は自ら手綱を切るためのナイフを携えていた。ともかく御者は、迫力あるレースをして、自身の栄誉のために身を、命を削っていたのである。

このように、御者にインセンティブと装備を与えれば、迫力あるレースが展開されることは間違いない。そこに賭けが加われば、観衆に熱狂するなと言うことは無理である。古代ローマ人は遊びの天才ではないだろうかと思う。ギリシャのそれを真似して、大発展させたのだ。模倣からの創造である。

戦車競走場

前記したように、ローマの大競走場キルクス・マクシムスは、紀元前六世紀に王政ローマ五代目の王タルクィニウス・プリスコによって造られたと言われている。それを、カエサルが紀元前五〇年頃に改修した。その後、カラカラ帝（在位二一一年～二一七年）によるヴァリアヌス戦車競走場が建設されるまで、二六〇年余の間に合計五つの戦車競走場が首都ローマ周辺に造られた。

写真34　キルクス・マクシムス模型

写真35　現在のキルクス・マクシムス

キルクス・マクシムス

ユリウス・カエサルは、紀元前五〇年頃、キルクス・マクシムスを長さ約六〇〇メートル、幅約二二五メートルの規模に拡張した。有馬記念で有名な中山競馬場は、芝コースは一周一六六七メートル～一八四〇メートル。ダートコースは一周一四九三メートルである。キルクス・マクシムスは、これよりも若干小型である。しかし、戦車競走は何周も回るのである。戦車競走と競馬では、競走の種類が違うので一概には比較できないが、イメージは掴めると思う。

ポポロ広場のオベリスク（高さ33m）

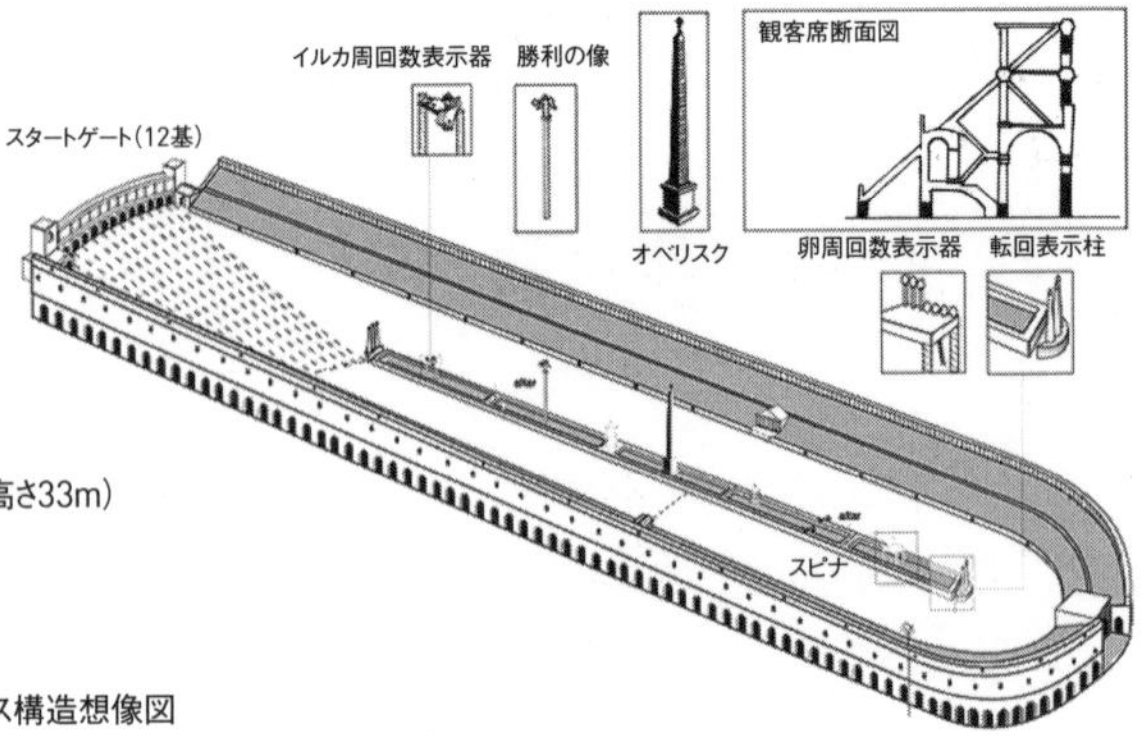

図23　キルクス・マクシムス構造想像図

収容人数は一五万人〜三八・五万人との説があるが、一五万人というのが多くの資料に記されている。時代とともに収容人数は異なったのかもしれない。

キルクス・マクシムスの模型【写真34】を示す。現在は、写真35のように広い草原の公園となっている。図23の構造想像図に示すように、スタートゲートは四党派×三台＝一二台に対応できるよう、一二基あった。競走場中央のスピナには、オリンピアと同様に、「卵」や「イルカ」と呼ばれる周回数表示装置を設置。観客席の建物は、劇場や円形闘技場同様、アーチ構造を採用していた。

スピナの中央のオベリスクは、アウグストゥス帝がエジプトから運んできたもので、一六世紀にローマ教皇シクストゥス五世によりポポロ広場に移設された。台座を含めて高さ三三メートルの威容を誇っている。ちなみに現在世界には三〇基のオベリスクがあり、そのうち一三基がローマにある。オベリスクは古代エジプト（特に新王国時代：紀元前一七世紀〜紀元前一三世紀）で数多く製作され、神殿などに建てられた記念碑の一種である。このように大きなものを、エジプトからローマまで運搬したローマ帝国の技術力と財力には感心するばかりである。

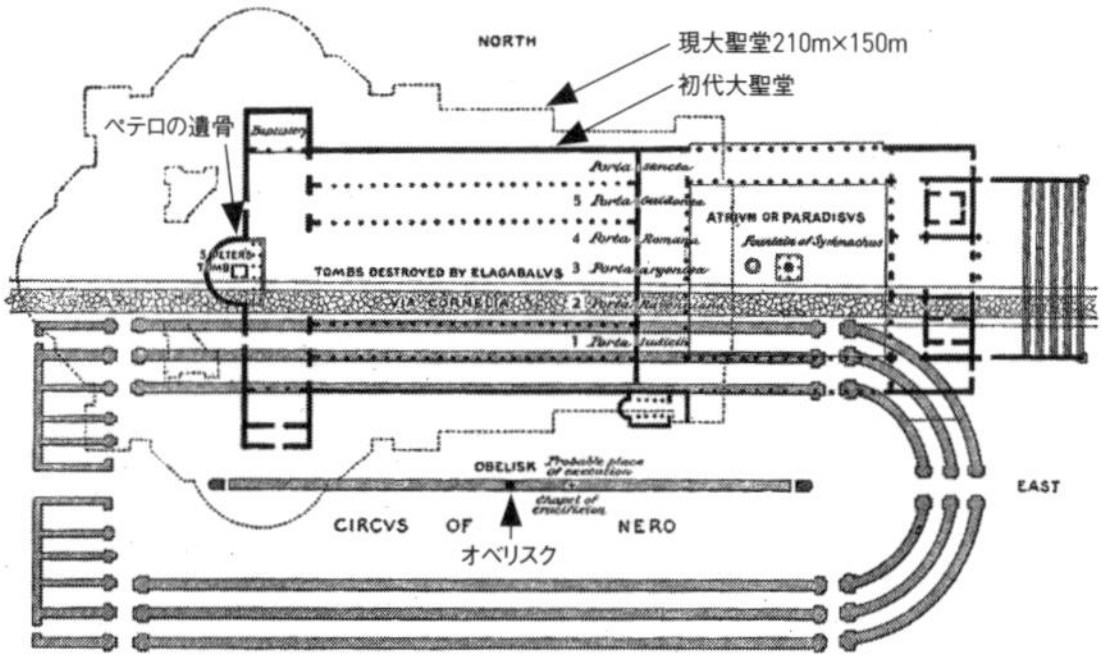

図24　サン・ピエトロ大聖堂とカリグラとネロの戦車競走場の平面位置図

フラミニウス競走場

紀元前二二〇年、監察官のガイウス・フラミニウスがマルスの野に造った長さ約五〇〇メートルの競走場である。後に周辺の開発が進み、規模が小さくなった。紀元前二年には、アウグストゥス帝が、アウグスタ広場の完成を祝い、競走場内に水を満たし、三六頭のワニ狩りを行ったとのことである。同年、アウグストゥス帝は、模擬海戦を行っている。フラミニウスの功績のもう一つは、同じ紀元前二二〇年に、ローマから北に延びるフラミニウス街道を造ったことであるが、執政官として紀元前二一七年、トラジメヌスの戦いでハンニバルに敗れ、戦死してしまった。

カリグラとネロの戦車競走場

現在のバチカンの地に、カリグラ帝が計画・建設を開始して、ネロ帝が完成させた戦車競走場が、カリグラとネロの戦車競走場である。バチカンのサン・ピエトロ大聖堂との位置関係を図24に示す。大きさは現在のサン・ピエトロ大聖堂の敷地の半分を占めていたようである。競走場のオベリスクは、カリグラ帝がエジプトから運搬したものである。一五八六年、教皇シクストゥス五世がドメニコ・フォンターナに命じて移動させ、現在は写真36のようにサン・ピエトロ広場の中央に聳えている。

サン・ピエトロ大聖堂は、キリスト教を公認したコンスタンティヌス一

写真36　サン・ピエトロ大聖堂とオベリスク

写真37　4世紀のナボーナ広場（模型）

写真38　ナボーナ広場とオベリスク

世（在位三〇六年～三三七年）の指示で建設された、ペテロを祀った教会である。歴史学的には、ペテロがローマで殉教したとする確実な資料が存在していないので、建設地が本当にペテロの墓地だったかどうかについては古くから議論がある。聖伝ではローマへ宣教中の六七年、ネロ帝の迫害で逆さ十字架にかけられて殉教したとされている。いわゆる「クオ・ヴァディス」である。

ドミティアヌス帝のスタディアム

八六年、一一代皇帝ドミティアヌスは、ネロ帝の建てたギムナジウムを、外壁に二層のアーチを持つ競走場【写真37】に改築した。長さ二七五メートル、幅一〇六メートルで、三万人の観客を収容できた。現在、中央部分（幅五〇メートル、長さ二六〇メートル）が、ナボーナ広場【写真38】として残っている。また、周辺の建物の壁は、観客席の壁をそのまま使ったものである。ここに残るオベリスクは、ドミティアヌス帝の時代にエジプト製をコピーして製作したものである。もともとマクセンティウス戦車競走場にあったものを、一六五一年にローマ教皇インノケンティウス五世の命により移設した。

ナボーナ広場には、オベリスクのみならずイタリア・バロックを代表する巨匠ベルニーニ（一五九八年〜一六八〇年）作の四大河の噴水、さらにムーア人の噴水、ネプチューンの噴水がある。ここには絵描きや大道芸人が数多くいて、ローマ有数の観光スポットである。映画『天使と悪魔』の舞台として登場し、ベルニーニの作品が数多く取り上げられている。「ベルニーニはローマのために生まれ、ローマはベルニーニのためにつくられた」と絶賛される意味がよく分かる秀作である。

ナボーナ広場のオープン・カフェでワインを飲んでいると、往時の戦車競走場の観客の歓声が聞こえるような錯覚を起こす、素晴らしい広場である。

ヴァリアヌス戦車競走場

ヴァリアヌス戦車競走場はカラカラ帝が着工し、カラカラ帝同様に悪帝と呼ばれたヘリオガバルス帝（在位二〇三年〜二二二年）が完成させた競走場である。長さ五六五メートル、幅一二〇メートルで、カストゥレンセ円形闘技場に隣接している。異民族襲来に備えたアウレリアヌス城壁の建設により、カストゥレンセ円形闘技場同様、城壁に飲み込まれてしまった。戦車競走場としては五〇年ほどで幕を閉じたようだ。

図25　マクセンティウス戦車競走場

マクセンティウス戦車競走場

マクセンティウス帝（在位三〇六年～三一二年）が三一一年に建設した戦車競走場【図25】。ローマの城壁から五キロメートルほど南のアッピア街道沿いにある。長さ五一〇メートル、幅九二メートル、収容観客数約一万人の競走場である。

皇帝達と戦車競走

スエトニウスの『ローマ皇帝伝』やタキトゥスの『年代記』によって、皇帝等が戦車競走をどのように考え、主催していたかを知ることができる。以下に皇帝達による戦車競走の提供の状況を紹介する。

ユリウス・カエサル

「競走場の催しでは、まず大競走場の両端の空間を延長し、周囲に外堀をめぐらせて、名門貴顕の青年が、四頭立て、二頭立ての戦車を御し、曲乗りの馬も操った」

カエサルは、戦車競走は有為な若者に最適なスポーツと考えていたようだ。そのために、キルクス・マクシムスの整備も行っている。しかし自身は、仕事を持ち込み、いわゆる内職をしながらの観戦であり、市民の評判は悪かった。天才であり、しかもプレイボーイであったカエサルは、改革や見世物の企画、その間に執筆、ラブレターを書いたりと多忙であったので、観衆の目など気にはしていられなかったのであろう。

初代皇帝アウグストゥス

「競走場に、時に非常に高貴な家柄の若者すら、御者や走者や野獣殺しとして出場させた。……アウグストゥスは戦車競走を、たいていは友人か解放奴隷の邸宅の屋根裏部屋から、たまに元首席から、妻や子供と一緒に座って見物した」

このようにアウグストゥスは、有為な若者を競走に参加させたり、自らも積極的に観戦していたようで、戦車競走好きが偲ばれる。戦車競走のみならず、演劇や剣闘士闘技、さらに模擬海戦まで主催して、首都ローマの人々に見世物を提供していた。フラミニウス競走場の柱廊、大競走場の貴賓席の建設もしている。カエサルとは違い、実直なアウグストゥスは、観戦中の内職はしていなかったようである。そこが、天才と実務家の違いであろう。

第三代皇帝カリグラ

「彼は大競走場での戦車競走も、朝から夕方まで催した。……また特別な見世物として、元老院階級の人が、戦車を御すときだけ、競走場に赤色と青色の砂を敷きつめたこともある。……カリグラはたいそう熱心にさまざまな技を磨いた。トラキア剣闘士にも戦車御者にもなり、……各地に競走場を建て、そこで戦車を御した。……緑党の戦車御者にカリグラは熱をあげ、身も心もささげていたから、しょっちゅう、競馬小屋にいて食事もそこでとっていたくらいである。戦車御者エウテュクスには、ある乱痴気騒ぎの最中、引き出物の中に二〇〇万セステルティウス（約八億円相当）を入れてやった。馬のインキタトゥスには、競走の前の晩には、静かに寝られるようにいつも兵士を通じて近隣の人たちに静粛を命じていた」

ちょっと信じられないような引き出物の金額である。馬のインキタトゥスを執政官にしようと考えていた、との話も残っている。

カリグラは、戦車競走が好きな程度でなく、偏執狂のように競走を愛し、没頭していたようだ。ちょうど、剣闘士競技のコンモドゥス帝のように。それが高じて、現在のバチカンの地に戦車競走場の建設を始めたが、暗殺されてしまった。彼の死亡時には、前帝ティベリウスが貯め込んだ二七億セステルティウスもの大金を使い果たし、首都ローマには八日分の食糧しか残っていなかった、という話がある。彼の治世が長く続いたら、ローマ帝国は存外早く滅亡していたのではないか。古代ローマの抑制力が働いたのであろう。

第四代皇帝クラウディウス

「戦車競走は、ウァティカヌス（バチカン：カリグラの競走場。部分的に使用していたのであろう）競走場でも、たびたび行われる。五組の競走がすむごとに、その合間にときどき、猛獣狩りも催された。ところで大競走場は、それまで木材と石英華から出来ていた出発点の柵と、転回標が、それぞれ大理石と金めっきに変えられ、華やかとなり、従来一般大衆と混じって見物していた元老院議員に固有の席が創設される。ここでは戦車競走のほかに……騎馬兵が、大競走場の中をところ狭しと野牛を追い回し、疲れ果てた頃あいに、とびかかって角をつかみ、牛を大地に投げ倒した」

悪帝カリグラを継いだクラウディウス帝は生来病弱で、吃音や片足を引きずるなどの癖があり、当初は期待されていなかった。さらに建設好き、見世物好きであったが、ブリタンニア遠征をしたり、人材の登用をしたりして、存外賢帝であったと言われている。しかし次がまた悪帝である。

第五代皇帝ネロ

「ネロは早くも子供の頃から、特に競走戦車を御したい熱意に燃えていた。……しかし統治を始めた当座、ネロは毎日盤上に象牙製のおもちゃの競走戦車を走らせて遊んでいたが、郊外に滞在している折には、はじめのうちは密やかに、やがて大っぴらに、都の競走場のどんな小さな催し物にも、みんな出かけて行った。そのため催しのある日には、必ずネロがローマの競走場にやってくるとだれもが信じて疑わなかった。ネロも優勝の数を殖やしたいという気持ちをごまかさなくなった。そこで発走の回数をふやし、見世物も夕方遅くまで延長した。そのため各党の親方も、一日にぎりぎりいっぱいの回数まで競走させるのでなければ、もはや御者を出場させるのに値しないと考えるに至った。やがてネロは自分でも戦車を御してみたい、そしてその姿を民衆に見せたいとすら、しきりに願うようになった。そして彼の庭園で……小手調べをしてから、大競走場で一般市民の前に自分の姿を現した。……彼は多くの土地で、競走戦車も御した。オリュンピア競走祭には、一〇頭立ての戦車すら御した……ともかく彼は、戦車から振り落とされ、再び乗っても続走出来ず、予定の走路を終える前に断念してしまった。それにもかかわらず、勝者の冠を受け取った」

六八年の反乱の際に「世界は優れた芸術家を失うのだ」と言って自死した、ネロ帝の登場である。一〇頭立ての戦車とは凄い。本当に一〇頭を御して、高速で走れるのかと疑問に思う。馬がバランスを崩し、倒れて、戦車も転倒するのではないかと思うのだが。

ネロ帝は、役者として舞台に上がるのみならず、戦車の御者として競ってみたりと、政治よりも遊びに忙しかった。ともかく観衆の喝采を浴びたかったのであろう。彼はさらに、カリグラ帝

写真39　銅貨（皇帝カラカラと戦車競走場）

が建設を開始したバチカンの戦車競走場を完成させた。遊びに狂ったり、黄金宮を造ったりと放埒を繰り返したために、最後は暗殺されてしまったのである。

第一一代皇帝ドミティアヌス

ドミティアヌス帝は、一日の出走回数を多くしたり、紫と金のチームを作ったり、ドミティアヌスのスタジアムを造ったりと、大の戦車競走好きであった。そしてカリグラ帝やネロ帝同様、悪帝と言われて暗殺され、さらに記録抹殺刑第一号となってしまった。

第二四代皇帝カラカラ

『ローマ皇帝伝』や『年代記』以降になるが、大公共浴場を造ったカラカラ帝（在位二一一年～二一七年）は、アレクサンドリアで市民を大虐殺したり、属州の全自由民にローマ市民権を与える「アントニヌス勅令」を布告し、ローマの階級制度を根本的に改悪したりしたため、評判が悪い。カラカラ帝も戦車競走が大好きで、首都ローマの南西部にヴァリアヌス戦車競走場を建設した。

カラカラ帝の悪政として、もう一つ、貨幣の改鋳がある。アントニヌス勅令による属州税の目減りや各種の建設工事等で国家財政が危機状態となったため、財政立て直しのために、銀の含有量が少ないアントニニアヌス銀貨を発行して急場を凌いだのだ。貨幣の改鋳とは直接関係ないが、カラカラ帝は、自身の肖像と戦車競走場を浮き彫りにしたセステルティウス銅貨【写真39】を発行し、戦車競走好きをアピールしていた。

戦車競走に対する観客の評価

ユウェナリスが見世物のトップに掲げただけあって、戦車競走は庶民に人気があった。それに迎合するがごとく、ドミティアヌス帝は、一日二四レースを一〇〇レースまでにした。観客の要望に押されたのであろう。なぜそれほどに人気があったのか。

キルクス・マクシムスの周辺には、商店や食堂、居酒屋、そして売春婦や易者の差し掛け小屋が建ち並んでいた。そして、中央の広大な競走路では、競馬や戦車競走が、騒然たる興奮や熱狂の中開催された。そこでの賭け事、売春等が人気の理由でもあったのだろう。

オウィディウス（紀元前四三年〜紀元一七年）著『恋愛術』には、「競技場には多くの好機が待ち受けている。若い女の隣に座を占めることを妨げるものは何もないだろう。できるだけ彼女に接近しなさい。これは容易なことだ。座席はいずれにしろ窮屈なのだから。口実を見つけて彼女に話しかけなさい……どんな馬が競技場に入ってくるか、彼女の贔屓はどれかを尋ねなさい。彼女の選択に賛成しなさい……よくあることだが、もしわずかでも埃が彼女の膝に落ちたら、そっと払い落としなさい。たとえ埃が落ちて来なくても、落ちたようなふりをして、おなじように彼女の膝をそっと払いなさい」と記されている。戦車競走場は、劇場や円形闘技場のように、身分や性別により座席が決まってはいない。いわゆるアウグストゥス帝の「劇場法」の適用外なのだ。そこでは自由恋愛、すなわち密通の可能性も大である。ともかく男性優位の古代ローマにあっても、戦車競走場は、特に男性天国であったのだろう。口説き上手のイタリア男の原点は、戦車競走場にあったのかもしれない。

第六章
模擬海戦

模擬海戦（ナウマキア）とは、人工池等に水を張り、軍船を浮かべて歴史上名高い海戦を再現したものである。軍艦同士を衝突させて沈没させたり、船上で戦闘・殺し合いをさせたりした。

具体的にはどのようなものであったのか。『アウグストゥス業績録』によれば「テヴェレ川の向こう岸（右岸）で、現在カエサルの森があるところに、長さ一八〇〇ペース（五四〇メートル）、幅一二〇〇ペース（三六〇メートル）の池【図26】を掘り、国民に模擬海戦を提供した。この見世物で激突用船首を備えた三段櫂船または二段櫂船三〇隻と、これより小さい船が沢山、お互いに渡り合った。これらの艦隊で、漕兵を除き約三〇〇〇人が戦った」とある。紀元前二年にマルス神殿の奉献を記念して行われたとのことで、戦は紀元前四八〇年のアテネ軍とペルシャ軍による、サラミスの海戦をモデルとしている。通常三段櫂船には五〇～六〇人の戦闘兵士が乗り組んでいるが、アウグストゥス帝の模擬海戦では、一隻当たり一〇〇人。操船よりも戦闘を重んじたのであろう。

模擬海戦は、紀元前四六年にカエサルが考案し、共和政末期と帝政時代に、首都ローマとイタリア中部のフキヌス湖で開催された。海戦場所は、クラウディウス帝によるフキヌス湖の模擬海

図26　アウグストゥスの模擬海戦用人工池想像図

戦以外、人工池とコロッセオのアリーナに水を満たして行われた。人工池の多くは一回使いである。さらに、人工池に水を溜めるため水道を新設したり、模擬海戦のために軍船を建造・解体したり、大人数の兵士を装いも新たに集めたりと、莫大な費用が掛かった。したがって、歴史に残る模擬海戦の回数は、古代ローマの時代、紀元前四六年のカエサルの模擬海戦から、一〇九年のトラヤヌス帝の海戦まで九回しかない。

首都ローマ以外での開催については記録がないが、スペインのメリダ、イタリアのベローナの円形闘技場にはアリーナへの給排水の設備があり、なんらかの水上ゲームが行われたようである。また中世・近世になって、一六世紀にフランスのルーアン、さらに一九世紀にイタリアのミラノで行われた程度である。国がよほど豊かでなければ、開催は困難なのである。

模擬海戦は他の見世物に比較して事例が少ないので、この章では、まず模擬海戦の段取りをどのようにしたのかを明らかにする。続いて皇帝達がどのような模擬海戦を提供したのか。最後に中世・近世に行われた模擬海戦について紹介する。

模擬海戦の段取り

フキヌス湖の模擬海戦以外、海戦場は人工池である。人工池にどのように給水したのか。さらに軍船と人工池の大きさの関係がどのようなものであったのか、興味を惹くところである。人工池があまりにも小さければ参加軍船の数が限られてしまうし、軍船は停止状態となり、海戦というほどの迫力がなくなってしまう。一方、人工池が十分大きければ、給水量は莫大なものとなり、その水はどのように供給したのかということになる。

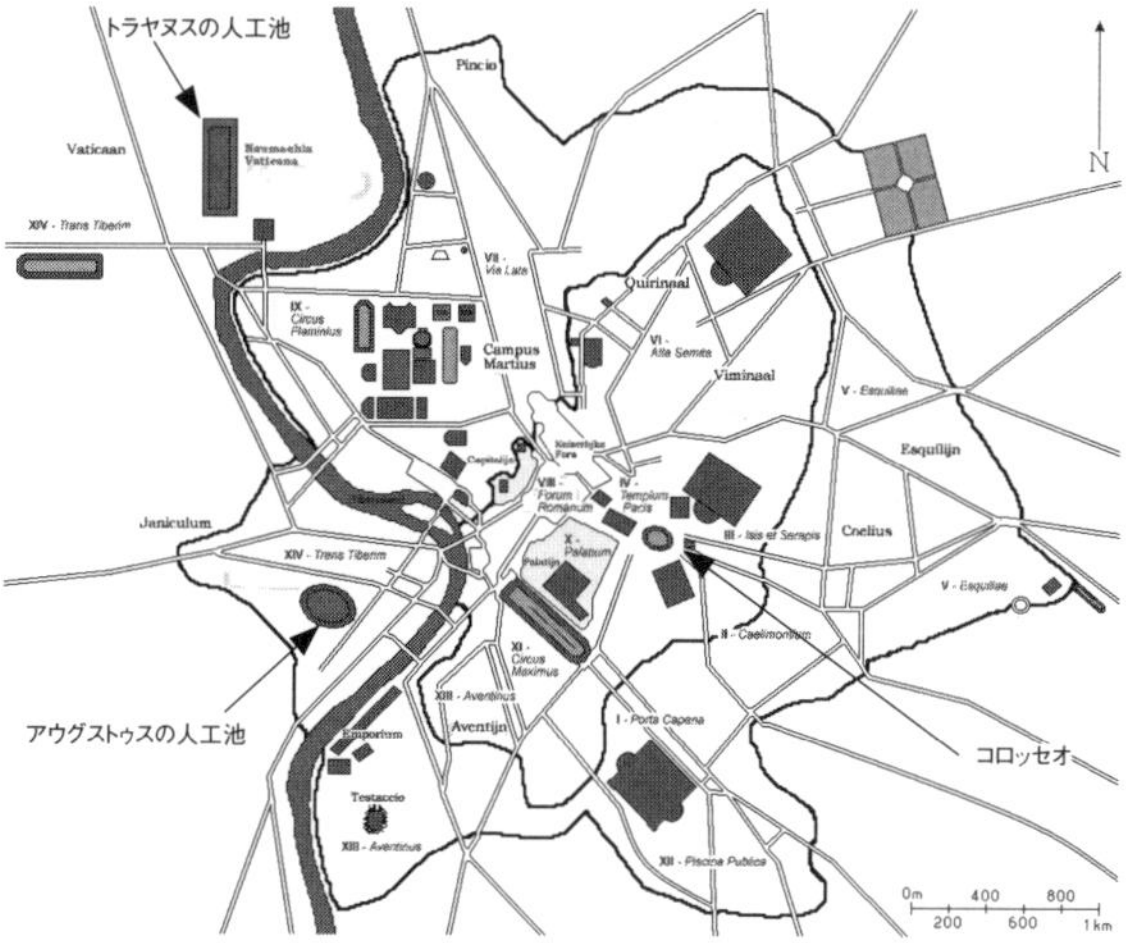

図27　首都ローマの模擬海戦場位置図

模擬海戦用人工池への給水

首都ローマの模擬海戦用人工池の位置図を図27に示す。アウグストゥス帝の模擬海戦用人工池は現在のトランステヴェレ。トラヤヌス帝の人工池は、サンタンジェロ城のあたりである。

アウグストゥス帝の人工池は、陸地を掘削してそこに水を溜めた、長さ五四〇メートル、幅三六〇メートルの楕円形。面積は一五万平方メートル。軍船の喫水を一メートルと仮定すると、人工池の水深は一・五メートル程度となり、約二三万立方メートルの水が必要である。これを雨水や小川の水で賄うのは大変なことである。したがって専用の水道を造ったのである。

首都ローマには、紀元前三一二年のアッピア水道完成以来、アウグストゥス帝による模擬海戦が行われた紀元前二年までに七本の水道が造られ、総給水量は約六二万立方メートル／日となっていた。ただし、紀元前二年に完成した七本目のアルシェティーナ水道以外は、テヴェレ川左岸側、すなわちローマの中心部に給水していた。一方、アルシェティーナ水道は、現在のトランステヴェレ地域に、特にアウグストゥス帝の人工池への給水を目的として造られた。模擬海戦のためだけに長大な水道を造ったのである。したがって、この水道は非常に評判が悪い。

アルシェティーナ水道は、全長三三キロメートルで、給水量一・六万立方メートル／日。水源はローマ北東部のカルデラ湖のマルティーニャノ湖(旧名アルシェティーナ湖)で、水質は良くなかった。九七年、ネルバ帝のもとで水道長官を務めたフロンティヌスは、著書の『水道書』で「聡明をきわめたアウグストゥス帝がアルシェティーナ水道を引いた理由はよくわからない。アルシェティーナ水道には良い点がまったくない。実際、水は衛生的とは言い難く、したがって、公共用にはまったく供されなかった」と酷評している。執政官を三度も務めた有能な軍人・政治家のフロンティヌスが、水道技術者として、始祖アウグストゥス帝をおおっぴらに批判している。古代ローマのオープンさの面白いところである。しかし、模擬海戦のためにこのような大規模幹線水道を造ってしまうという意気込みは凄いことである。

ちなみに、カエサルの人工池は、テヴェレ川、左岸マルスの野と言われている。模擬海戦が行われた紀元前四六年までに、四本の水道がテヴェレ川の左岸側、ローマの中心部分に給水していた。しかし、どの水道がカエサルの人工池に給水していたかは分かっていない。

トラヤヌス帝の人工池は、現在のサンタンジェロ城の北側に位置していた。トラヤヌス帝が建設したトラヤヌス水道は、建設開始一〇九年、完成は一一七年と言われている。延長五九キロメートルで、送水量は不明であるが、水路断面が幅一・三メートル、高さ二・三メートルと大きく、

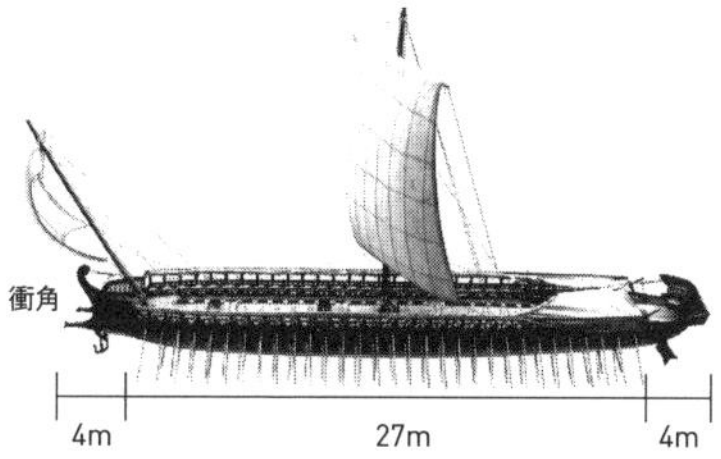

写真40　ギリシャ・ローマ軍船（長さ35m・幅4m）

日量十数万立方メートル程度はあったものと思われる。この水道がトラヤヌスの人工池に到達しており、湛水のため部分使用したのであろう。アルシェティーナ水道同様、当初の建設目的は模擬海戦用人工池への給水のため。しかしトラヤヌス水道は水質が良かったので、後世まで使われ、一六一二年にローマ法王パウロ五世によって復活。パオラ水道と命名され、現在もローマ市に日量九・五万立方メートル送水している。ちなみに、アルシェティーナ水道を酷評したフロンティヌスは、執政官としてトラヤヌス帝のダキア遠征（一〇一年～一〇二年）を指揮した。したがって、一〇〇年頃に書かれた『水道書』ではトラヤヌス水道については触れていない。これらについては、拙著『水道が語る古代ローマ繁栄史』に詳記しているので、ご一読されたい。

カエサル、アウグストゥス帝、トラヤヌス帝らの模擬海戦は、人工池で行われた。一方、ティトゥス帝（八〇年）及びドミティアヌス帝（八五年）による模擬海戦は、コロッセオで行われた。コロッセオのアリーナは、内側が長径七六メートル、短径四四メートルとさほど大きくないので、水を張るための給水は問題にはならない。建設時期は不明だが、アリーナの地下に動物の収容所や地上との昇降設備を設けた。そうすると、アリーナに水を張る際、開口部の地下への漏水対策は、どのようにしたのであろうか。水の圧力は凄いもので、わずかな隙間でも漏れてしまう。そのため、八五年までは地下施設がない状態で模擬海戦を行い、八五年以降に猛獣狩りのために地下室や昇降設備を造ったりしたと考えるのが妥当である。

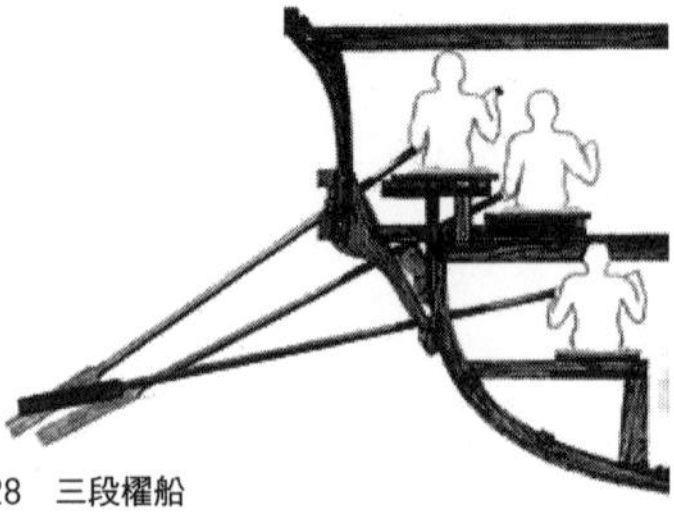
図28　三段櫂船

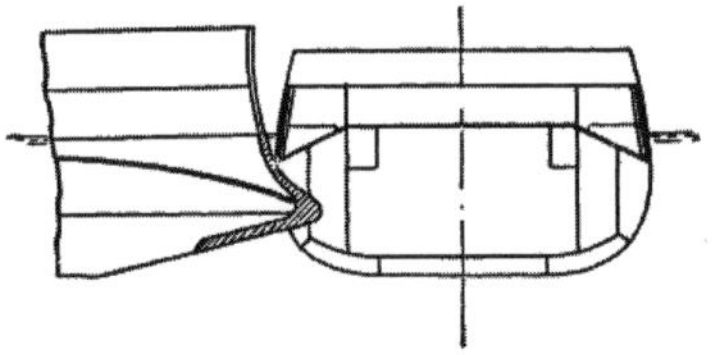
図29　衝角による敵船腹への衝突

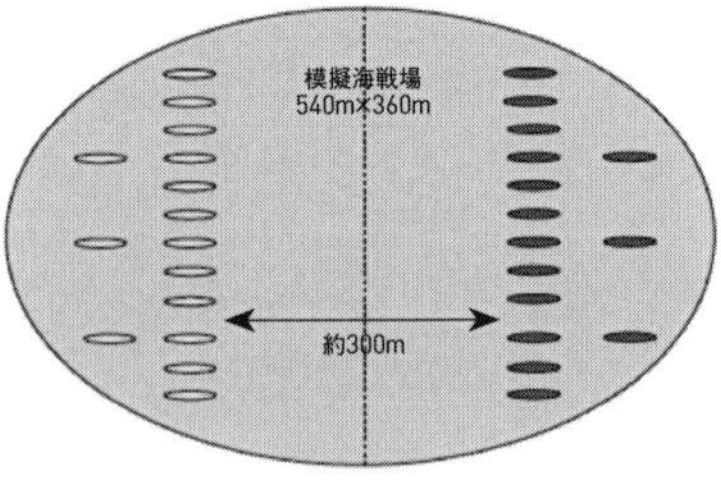

図30　アウグストゥス帝の模擬海戦場での軍船配置図例

軍船と模擬海戦用人工池の大きさの関係

乗組員数を含めて、模擬海戦の船の大きさと、人工池の大きさについて検討してみた。写真40に示すように、ギリシャ・ローマ軍船は、長さ三五～三七メートル、幅四～五メートルであった。そこで軍船の長さを三五メートル、幅四メートルと仮定する。三段櫂船とは、図28のように、船体の鉛直方向にオール（櫂）が三本、各オールに一人の漕ぎ手を配置する船のことである。同図に示すように、船の長手方向のオール間隔を一メートルとして、船の船首・船尾を各々四メートル開けるとすると、オールの配置は、片舷二八列。両舷、上下三段であるから、オール（漕ぎ手）の数は、一六八人となる。戦闘員がオールとオールの間に二人陣取れば五四人、四人陣取れば一〇八人収容できる。

漕ぎ手および戦闘員は、捕虜や死刑囚を使用した。戦闘員はそれほど訓練はいらないであろうが、漕ぎ手の訓練はどうしたのだろうか。前記した一六八人の漕ぎ手の息が合っていなければ、船はどこに進むのか分からない。写真40のように、軍船の船首には衝角が付いている。図29に示すように、敵船の船腹に衝角を突き刺し、自由に動くことをできなくしたり、浸水沈没させたりする。さらに敵船を並行追走すれば、衝角で敵船のオールをなぎ倒すこともできる。これが古くからの衝角を使用した戦法である。『ローマ皇帝伝』カエサル編には「模擬海戦では、……そこでチュロス艦隊とエジプト艦隊が大勢の海兵と、とも二段櫂船を激突させた」という記載がある。激突させるには、軍船が迷走しては、様にならないのだ。漕ぎ手も相当な訓練をさせられたのであろう。

アウグストゥス帝の人工池は、長径五四〇メートル、短径三六〇メートルである。軍船は長さ三五メートル、幅四メートルとして、数は三〇隻。軍船の配置図の一例を図30に示す。同図から、軍船間の距離は約三〇〇メートルとなる。漕ぎ出して一五〇メートル程度で、敵船腹に穴を開けられるだけの速度が出せるのか。もし操船が拙劣なら、単なる船上集団剣闘士闘技となってしまう。

コロッセオでの模擬海戦では、どのようになるのであろうか。水を張ることのできる内径の寸法は長径七六メートル、短径四四メートルである。この大きさでは、正規の軍船はわずかな数しか配置できない。図31のように、小型の軍船による戦闘であったのだろう。したがって名高い海戦の再現というわけにはいかず、単なる船上集団剣闘士闘技である。だが、アリーナで行われる通常の剣闘士闘技よりも、船は障害物が多いので、変化に富んだ勝負が期待できたのかもしれない。

ここで、軍船を人工池近くで建造すること、および模擬海戦が終了した後の軍船の始末が問題である。模擬海戦は莫大な費用が掛かるため、たびたび行うわけにはいかない。そうなると、軍船は一回使いであるから、人工池近くで建造、解体を行わなければならないのである。

模擬海戦の終結

模擬海戦の停戦・終戦はどのようにして行われるのか。剣闘士闘技であれば、試合中に殺されるか、敗者が命乞いをした時に終結となる。模擬海戦は集団戦であり、判定が難しい。元々戦闘員は死刑囚あるいは捕虜であるから、降伏による停戦はあり得ない。記録には模擬海戦の終結について記されてはいないが、一軍船団を皆殺しにすれば、勝った軍船団兵員には恩赦が与えられたのであろう。恩赦を得るために必死に戦ったのである。それが迫力ある戦いとなり、観客に満足を与えたのだ。一方、残酷なことではあるが、主催者側にとっては、死刑囚一掃。主催者にとって、出費は大きかったが、一石二鳥の大見世物だったのである。

問題は、戦闘で死亡した戦闘員の始末である。実戦では、死亡戦闘員は海に葬ればよい。しかし模擬海戦場は人家も近いため、投棄するわけにはいかない。そうなると、死者を陸地まで運搬しなければならない。船上、水上から運ぶのは大変だろう。しかも、剣闘士闘技と違ってその数が一時に大量である。大規模な模擬海戦を行うのには、大変な費用が掛かるのである。

皇帝達と模擬海戦

発案者のカエサルからトラヤヌス帝まで、九回の模擬海戦が行われている。クラウディウス帝のフキヌス湖以外は首都ローマで行われた。以下にどのような模擬海戦が行われたかを紹介する。

ユリウス・カエサル

『ローマ皇帝伝』カエサル編によれば、紀元前四六年、ポンペイウス派との内乱に勝利したカエサルは、凱旋式の後に「模擬海戦では、小コデタ（マルス公園と対峙したテヴェレ川岸の沼地）に池を掘り、そこでチュロス（チュニジア）艦隊とエジプト艦隊が大勢の海兵とともに二段櫂船を激突させた」とある。さらに「まず空前絶後の結構を持つマルス神殿を、かつて模擬海戦を催していた池を埋め立てて平らにし、その上に建てること……」と記している。動員数は兵士二〇〇〇人、漕ぎ手四〇〇〇人と大人数であった。人工池はマルスの野にあり、一回しか使われなかったようである。埋め立ての理由はマラリア蚊を撲滅するためであった。ローマの夏は暑い。これが記録に残る最初の模擬海戦だが、詳細な場所や規模は不明である。

この海戦は、カエサルの娘ユリアの追悼のために開催された。第四章で記述したようにカエサルは、紀元前六五年に三二〇組の剣闘士による初の大規模剣闘士試合を行った。この時は三〇年前に亡くなった父親の追悼の名目で、造営官選挙運動のために行ったと言われている。ユリアの死は紀元前五四年で、初の模擬海戦を催すほどの理由とも思えない。カエサルが殺害された理由は、王になろうとした、その野望を打ち砕くためだったと言われている。したがって、模擬海戦は、王になるための人心掌握策ではなかったのではないだろうか。

カエサルは、軍隊の指揮で天才的な人心掌握能力を発揮した。それと同じようにローマ市民の心を掴むには、度肝を抜く規模の遊びを提供することだと考えたのであろう。それが初の模擬海戦の開催につながった。人心掌握策と言っても、発想と規模の桁が違うのである。さすがにカエサルは、五〇〇年の繁栄を続けたローマ帝国の礎を作った人物だけのことはある。

初代皇帝アウグストゥス

『アウグストゥス業績録』の内容をすでに紹介したので省略する。

第四代皇帝クラウディウス

第二代皇帝ティベリウスは吝嗇家であったため、見世物を一度も主催していない。第三代皇帝カリグラは、模擬海戦は行っていないが、プテオリとバーイエ間の舟橋の建設をしての凱旋行進は、模擬海戦を上回る見世物であった。この舟橋については、拙著『交路からみる古代ローマ繁栄史』に詳記しているので参照されたい。

『ローマ皇帝伝』クラウディウス編には、五二年にフキヌス湖干拓工事完成祝いの一環として、模擬海戦を行ったことを記している。「フキヌス湖の水をはかすとき、それに先だってこの湖で模擬海戦を行った。海兵が一斉に『最高司令官万歳、死にゆく者たちの最後の挨拶です』と叫ぶと、クラウディウスは、『そうとはならないかもしれぬ』と答えた。この発言のあと、兵らは恩赦が与えられたように、だれも戦おうとしなかったので、クラウディウスは、火や剣で皆殺しにしてやろうかと、しばらくためらったあげく、とうとう自分の椅子から飛び降り、よろめきながら（ひざが悪い）不格好な足取りで湖の周囲をあちこちと駆け廻り、脅したり激励したりして、交戦へかりたてた。この見世物には、シキリア（シチリア）艦隊と、ロドス艦隊がそれぞれ二〇隻の三段櫂船で渡り合う。湖の真ん中に機械仕掛けの銀製の海神トリトンが姿を現し、合図のラッパを吹いた」とある。

また『年代記』クラウディウス編には「クラウディウスは三段櫂船や四段櫂船を艤装し、一万九〇〇〇人を武装させた。彼らの周囲を筏でとりまき、そこから外へは逃げ出せないようにした。しかし筏の中の水域は、漕手の技や舵手の操術、船の攻撃やその他一般の海戦術を披露するだけの広さを持っていた。筏の上には、護衛隊の数個大隊と付属騎兵が、隊伍整然と並び、その前に外堡を築いて、そこから弩砲や投石機を発射する仕組みとなっている。湖の残りの部分は、海兵の乗り組んだ装甲艦で占められる。岸や丘や山頂は、劇場のようにおびただしい群衆でいっぱいになる。その大部分が、付近の自治市民であった。中にはローマからも、物見高い好奇心やら元首の機嫌取りやらで、来ていた。……戦闘は囚人どうしの間で行われたが、勇敢な兵士の気概を示したので、負傷者をたくさん出したのち、殺し合いを免除される」と記述されている。

四〇隻の船に一万九〇〇〇人の武装囚人と、数字に疑問もあるが、十分な広さの海戦場を確保し、大掛かりな見世物であったことは間違いない。そして、勇敢に戦うと、負けても恩赦で死を免れた。武勇を重んじるローマの風潮を示すものである。ここで記述されている護衛隊、騎兵、海兵等は、ローマ帝国艦隊のミセノ基地やラベンナ基地より派遣された正規兵。囚人兵が脱走したり、暴動を起こしたりさせないための用心である。

カエサルの総勢は六〇〇〇人。アウグストゥス帝の漕兵を除いて三〇〇〇人。それらを上回る一万九〇〇〇人の武装兵動員である。カエサルやアウグストゥス帝も成し得なかったブリタンニア征服を行い、鼻息が荒かったのであろう。莫大な費用が掛かろうとも、それをものともしなかった。

フキヌス湖は、ローマから約一五〇キロメートル東、アペニン山脈にある大きな湖であった。その干拓事業は、『ローマ皇帝伝』カエサル編にも記述されている。なぜ干拓事業を行ったかといえば、食糧増産のためである。エジプトやアフリカ産の小麦だけを頼りにしているのでは不安だったのだ。クラウディウス帝は、凶作続きで、食糧事情が逼迫した折、群衆に罵詈雑言を浴びせられ、身の危険を感じるほどであった。このため、皇帝自身が食糧確保のために東奔西走したのだろう。オスティア港建設、食糧輸送船に対する恩恵の付与と干拓事業。首都ローマの食糧確保のためである。

干拓工事に目処がついたので、国内での食糧増産は間違いないと思い、盛大なお祝いを企画した。なにしろ湖からの三マイル(五・四キロメートル)の排水トンネルを造るため、三万人の人々が一一年間働いて完成させたほど大きな工事であった。しかし、残念ながら排水路の施工不良により失敗工事と言われている。

第五代皇帝ネロ

『ローマ皇帝伝』ネロ編に「ネロは海獣の泳いでいる海水の溜池で、模擬海戦を見せた」と記されている。場所や規模は明示されていないが、アウグストゥスの人工池であろう。開催は六四年である。内乱のため第六代〜第八代皇帝の時代はわずか一年間であり、皇帝が目まぐるしく変わ

図31　コロッセオの模擬海戦想像図

り、この間には、模擬海戦を企画する余裕はなかった。

第一〇代皇帝ティトウス

第九代皇帝ウェスパシアヌスは、コロッセオの建設を始めたり、マルケルス劇場の再建をしたりしたが、模擬海戦を段取りするほどの時間と財力はなかったのだろう。

『ローマ皇帝伝』ティトウス編によれば「大円戯場（コロッセオ）の奉献式をあげ、これに接した浴場（ティトウスの浴場）を早急に建てた折、彼は用意周到に準備し、しかも惜しみなく金を使って豪勢な剣闘士の見世物を提供した。そして昔の模擬海戦場で海軍の戦闘を、同じ所で剣闘士の試合を催し、そしてたった一日で、あらゆる種類の野獣を五〇〇〇頭も出場させた」とある。「昔の模擬海戦場」とはアウグストゥス帝の人工池のことであろう。しかし模擬海戦の規模については記述がない。ディオンによれば、同じ八〇年にコロッセオで模擬海戦を挙行したとの記述がある。これらから、ティトウス帝は二回模擬海戦を主催したようだ。

第一一代皇帝ドミティアヌス

『ローマ皇帝伝』ドミティアヌス編には、模擬海戦について二度記述がある。一つ目は八五年で、「大円戯場【図31】では海戦まで提供した」。二つ目は八九年で、「模擬海戦を催したときは、ほとんど正規の軍艦を用い、テヴェレ川のそばに池を掘り、その周囲に桟敷を設け、大雨の間もずっと最後まで見物した」とある。ドミ

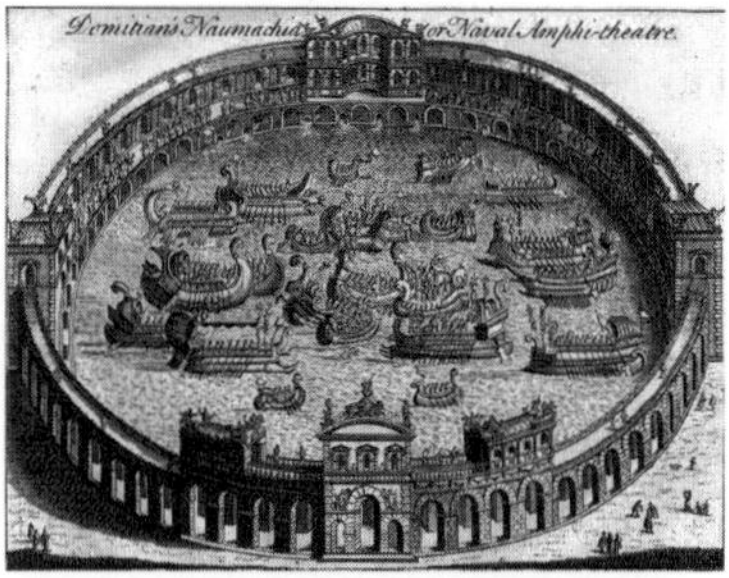

図32　ドミティアヌス帝の人工池模擬海戦想像図

ティアヌス帝は、一度目はコロッセオで、二度目は新たに人工池【図32】を造って模擬海戦を行ったことになる。

図32のように、人工池の周囲には観客席が設けられている。ここで、アウグストゥス帝の模擬海戦の想像図【図26】をもう一度見ていただきたい。ともに周囲に観客席が設けられているのだ。人工池における模擬海戦は一回、あるいは数十年を隔てて数回しか行われていない。野天の粗末な観客席でも良いように思う。しかし、ローマ皇帝主催の見世物が掘立小屋のような観客席では皇帝の沽券にかかわるので、立派な観客席を作れと言ったのだろう。ともかく皇帝には財力があったのだ。

第一三代皇帝トラヤヌス

一〇九年に模擬海戦を行ったことがオスティアの記録に残されている。トラヤヌス帝がオスティア港を開設した記念のためであろう。

中世・近世に行われた模擬海戦

一五五〇年、フランスの北部のセーヌ河口の港町、ルーアンで模擬海戦が行われた。ヴァロア朝の王アンリ二世と妻のキャサリーン・ドゥ・メディチ、および、皇太子(次のフランス王フランシス二世)とその婚約者スコットランド王女マリーの、ルーアン入城祝賀である。模擬海戦はフランス軍とポルトガル軍の対戦を再現した。

近世の模擬海戦は、イタリア・ミラノの市民競技場で、一八〇七年に絶頂期のナポレオンを迎えて行われた。市民競技場は、一八〇六年に造られた二三八×一一六メートルの楕円形の競技場である。アリーナの中に水を張って行われたようであるが、大型軍船での海戦ではなく、小型船による海戦であった。

第七章
公共浴場

古代ローマ人の癒しの主役は入浴である。首都ローマの夏は暑い。仕事等の後、汗水だらけの身体を、温水や冷水の大浴場、それもドーム屋根の天頂のオラクル（開口）から陽の射す大浴場で洗い流すことができれば、気分爽快、疲れは癒される。古代ローマの為政者は、カラカラ浴場のようなレジャーセンターともいえる大公共浴場、テルマエを造り、人々に廉価で、癒しと娯楽の場を提供したのである。それをローマ世界で初めて実現したのは、初代皇帝アウグストゥスの右腕といわれる、マルクス・アグリッパであった。

アグリッパは、カエサルにその能力を見出され、オクタウィアヌス（後の皇帝アウグストゥス）の補佐役として、軍事、建設技術に抜群の能力を発揮した。軍事面では、アントニウス・クレオパトラ軍とのアクティウム海戦の勝利。建設技術に関しては、ガリアのアグリッパ街道やユリア水道・ヴィルゴ水道、さらに初代パンテオンの建設が有名である。そして創設された首都ローマの水道長官を務め、ローマ人が最も大切なものの一つとしていた、水の管理を行ったのである。

彼はアグリッパ浴場のために、わざわざ日送水量約一〇万立方メートル、延長二一キロメートルのヴィルゴ水道を造った。それぐらいアウグストゥス帝は、テルマエの提供を重要視していたのである。ラクス・カーティウスによれば、さらに彼は一年間、入浴と散髪を老若男女すべて無料とした。帝政ローマの基礎作りに、テルマエを利用していたのではないかと思えるほどの熱の入れようであった。

入浴は体を洗い、健康を保ち、身体を癒す効果がある。古代ローマ人は、特に衛生観念が発達していた。例えば、泉やダムで取水した清浄な水を、はるばる都市まで、陽にも雨にも晒さずに長距離運んだのである。その途中には、浄化のための沈殿槽まで設けていた。最長はカルタゴ水道で、延長約一三〇キロメートル。首都ローマでは、延長約九一キロメートルのマルキア水道が最長である。百万都市の首都ローマには、一一本の水道で、一日当たり約一〇〇万立方メートルもの清冽な水を提供していた。水道の量と質の確保のために、大変な努力をしていたのだ。さらに便所は水洗、大型地下下水道クロアカ・マキシマは幅三・二メートル×高さ四・二メートルもの大断面を持ち、市内の下水をテヴェレ川に導いた。ローマ水道は紀元前三一二年のアッピア水道を嚆矢とし、クロアカ・マキシマは、紀元前二世紀には地下化していた。このような衛生観念の発達した古代ローマ人だからこそ、ギリシャの入浴文化を受け継ぎ、発展させ、保健、癒しと娯楽を兼ね備えた大レジャーセンターともいえる公共浴場、テルマエを造ったのである。

本章では、まず古代ローマと古代ギリシャの浴場文化の比較をする。次に、大レジャーセンター、テルマエの必須条件と、それをどのように実行していったのか。さらに代表的テルマエであるカラカラ浴場は、どのような施設があり、人々をいかに楽しませたのか。最後に、なぜ古代ローマの為政者が、テルマエを大事にしたのかについて説明する。

古代ギリシャの浴場文化と古代ローマの浴場文化

古代ローマの文化は、ギリシャに負うところが多い。風呂もギリシャの真似から始まったのである。それでは、古代ギリシャの浴場文化はどのようなものであったのだろうか。

ギリシャでは、紀元前五世紀頃には共同浴場が出現していた。バラネイオンと呼ばれる風呂で、腰掛け式のシャワー＝ヒップバスを沢山並べた部屋が特徴である。これが現代の洋式風呂の起源となった。広々とした大空間での入浴というわけではなかった。バラネイオンとは別に、ギムナジウムと呼ばれる体育施設、講義室や図書館を備えた教育施設に、風呂がプラスされた浴場施設があった。

古代ギリシャの文化風土は、「スパルタ教育」の語源となった都市国家スパルタのように、スポーツ万能で頑健な肉体を持ち、しかも明晰な頭脳が重んじられた。ここでの風呂はあくまでも、汗を流したり垢を取ったりするためのシャワー主体の実用本位のもので、体育、教育施設に従属していた。紀元前三世紀以降になると、バラネイオンやギムナジウムに熱気浴が加わったのである。

健康、治療と風呂の関係について、ギリシャの医師、ヒポクラテス（紀元前四六〇年～紀元前三七七年）は、ある種の病人や怪我人に温浴を、健常者には冷水浴を勧めた。入浴は基本的に健康法の一つであったが、過度の水浴は禁じた。彼は「歴史上で初めての医者」と言われ、エーゲ海のコス島のアスクレピオスの聖域で長年、医療に従事していた。ここでは入浴も大切な医療行為としていたので、入浴と治療の関係を明らかにできたのである。この時代は、日本では竪穴住居の縄文時代が終わり、弥生時代に入った頃。大変な違いなのである。

ローマの浴場には二種類ある。ギリシャのバラネイオンやギムナジウムを継承した浴場、バルネアと、その中でも特に規模の大きな公共浴場、テルマエである。共和政ローマ（紀元前五〇九年～紀元前二七年）は後半になると、ローマ市民皆兵制度から志願兵制度（紀元前一〇七年マリウスの兵制改革）へと変革した。よって、体の鍛錬は、兵士のみに必要なものになり、市民全員が鍛錬する必要性は薄れて、風呂中心、すなわち風呂プラス娯楽に変わっていったのである。

ローマ市民は通常、夜明けとともに仕事を始め、午後の早い時間に仕事が終わる。市民の家族の女性もそれに準じたのであろう。奴隷についてはよく分からない。日のあるうちは働いていたものが多かったのであろう。特に農園の奴隷は。浴場は正午から二時頃に開場し、日没まで開かれ、庶民の憩いの場、一日の疲れを取る場となっていた。ポンペイ等では夜間まで開業していたとも言われている。入浴料は男性が一クォドランス（二五円：四分の一アス）と低額。女性はもう少し高額。兵士と子供は無料で、奴隷も客として利用できた。これらにより、庶民の憩いの場となり得たのである。

奴隷は、主人と一緒に利用する場合と、個人で利用する場合があった。古代ローマの奴隷の息子は、仕えている主人の息子と共に高等教育等を受けることもよくある。これは将来の有能で忠誠心厚い秘書官づくりの方策である。そのため、奴隷が主人と一緒に公共浴場を利用することもあった。また、有能な奴隷は時間と金があり、客として個人で公共浴場を利用することも可能であった。

テルマエは、紀元前二五年に初代パンテオンに隣接して造られたアグリッパ浴場が初めてである。一世紀に入って造られるようになった巨大なテルマエは、浴場というよりは市民のための総合レジャーセンターであった。帝国の巨大な富と、水や加熱の管理をする膨大な数の奴隷によって生み出されたものである。

首都ローマの公共浴場とその必須条件

ローマの観光名所の一つに、壮大な公共浴場、カラカラ浴場がある。ローマ初の本格的公共浴場アグリッパ浴場以降、ネロ帝（在位五四年〜六八年）・ティトウス帝（在位七九年〜八一年）・ドミティアヌス帝（在位八一年〜九六年）・トラヤヌス帝（在位九八年〜一一七年）・カラカラ帝（在位二一一年〜二一七年）・デキウス帝（在位二四九年〜二五一年）・ディオクレティアヌス帝（在位二八四年〜三〇五年）・コンスタンティヌス一世（在位三〇七年〜三三七年）等の皇帝が建造した。帝国が下り坂でも造り続けたのだ。カラカラ浴場については、帝国滅亡の五世紀にも運営され、最終的に五三七年の東ゴートのローマ占領で、使命を終えた。それくらいローマの人々は浴場が好きであったのだ。テルマエは、権威の象徴、皇帝の人気取りの要素でもあった。中でもトラヤヌス、カラカラ、ディオクレティアヌス浴場は、一日当たりの収容人数が五〇〇〇人を超える大レジャーランドでもあった。

ローマの鉄道の中心、テルミニ駅近くにあるディオクレティアヌス浴場は、最大の規模と豪華さがあった。テルミニ駅の語源はテルマエなのだ。テルマエは、ローマ市内のみならず帝国各地に数多く建設された。その中にはロンドンの西一四〇キロメートルにある世界遺産で「bath」の語源にもなったバースやドイツのバーデン・バーデンもある。

首都ローマの浴場数について、ファーガン著『Bathing in Public in Roman World』には「テルマエ一一ヶ所、バルネア九四二〜九六七ヶ所【図33】」と記されている。カラカラ浴場の収容人数は、

図33　首都ローマ14区画のテルマエ(T)とバルネア(B)の数

一日当たり六〇〇〇人～八〇〇〇〇人であり、ディオクレティアヌス浴場の収容人数は一時に三二〇〇人と言われ、ローマ最大の公共浴場であった。これらのテルマエやバルネアが、同時期にいくつ存在したかは不明であるが、すべてが同時期にあったとすると、浴場の収容人数について、以下の推定ができる。

　たとえば、テルマエに一日・一ヶ所当たり平均三〇〇〇人収容、バルネアに一日・一ヶ所当たり五〇〇人収容できたと仮定すると、五一万人の人が毎日入浴を楽しむことができるという勘定になる。首都ローマの人口は二世紀中葉には一〇〇万人を超えていた。上流階級や軍施設では専用の浴場を所有していたので、五一万人との推測の数字を多いと見るか、少ないと見るかである。

　ちなみに、江戸における最初の公共浴場、銭湯は、天正一九年（一五九一年）江戸城内の銭瓶橋の近くに伊勢与一が開業した蒸気浴によるものであった。現在の湯槽式入浴は、江戸時代中期から始まった。江戸時代、内風呂を持てたのは大身の武家屋敷に限られた。火事の多かった江戸では、防災の点から内風呂は基本的に禁止されていたのである。江戸時代初期の共同浴場は水の使用量が少なくて済む、蒸し風呂＋浅い浴槽が多かった。蒸気を逃がさないように入り口は狭く、窓も設けられなかったために場内は暗く、そのために盗難や風紀を乱すような状況も発生した。ローマのテルマエのように、陽の射す大空間で入浴を楽しむというわけにはいかなかったのである。文化年間（一八〇四年～一八一八年）の頃には、江戸市中に六〇〇軒の銭湯があったとのことである。銭湯の収容能力はどれほどであったかは不明だが、ペリーの『日本遠征記』に出てくる銭湯の絵からは、現代のそれと規模は大きく変わらないものと思われる。したがって一〇〇万人都市江戸で銭湯を利用できた人数は、限られたものであったのだろう。

江戸の職人は綺麗好きで、毎日のように銭湯に通ったと言われている。杉浦著『一日江戸人』によれば、銭湯の営業は、朝八時頃から午後の八時(四時との説もある)頃まで行われており、入場料は大人八文(一五〇円程度)、月極めで一四八文(三六〇〇円程度)とのことである。

月極めの入浴料金一四八文と、テルマエの一日一クォドランスの料金がどの程度家計に影響したかを検討した。『一日江戸人』では一両(六〇〇〇文)を長屋暮らしの三人家族の月収として、六〇〇文、すなわち月収の一割が風呂代だとしている。一方、アウグストゥス帝時代の兵士の年収が九〇〇セステルティウス。四人家族として、毎日テルマエに通うとすると、子供は無料なので、四六セステルティウスの出費。約五パーセントである。入浴料金の収入に対する比率は二対一、さらに入浴による憩いや楽しみは大分違う。

テルマエの必須条件

では大レジャーセンター、テルマエの必須要件とは何か。第一に、大規模で、ゆったりと楽しめる。すなわち大量の冷水、温水を供給して、各種の風呂を楽しめること。第二に、広々とした空間で風呂を楽しめる。第三に、風呂に入る前に汗を流すジムや運動場があり、風呂上がりの垢すりやマッサージ、そして読書や散歩、美術品鑑賞ができること。さらに飲食、場合によっては売春も、である。

第一の条件、大量の水供給のため、アグリッパ浴場にはヴィルゴ水道、カラカラ浴場にはアントニアーナ水道が建設された。ヴィルゴ水道の規模は前記したので、ここではアントニアーナ水道の規模を紹介する。ローマ市最長のマルキア水道から分岐し、延長二二・四キロメートル、送水量は不明。水質が良好のため、一五八五年ローマ法王シクストゥス五世によりフェリチェ水道として再建され、一九六八年まで使用された。テルマエへの水供給のためには、皇帝達は大建設工事をいとわなかったのである。

さらに浴場への配水口の高さは、地上レベルではなく、各浴槽や加熱槽よりも高くなければならない。現代のように揚水ポンプがあるわけではないので、高所からの自然流下は不可欠であった。江戸上水のように地下の木樋配管、そして上水井戸からの釣瓶による水の汲み上げでは、大量の水を供給することは不可能である。このためローマ水道は、谷を水道橋やサイフォンで越え、高さを保ちつつ、「七つの丘の都市」と言われたローマの丘の頂上を目指したのである。

第二の条件、広々とした浴場空間の提供には、大型ドームやヴォールトの建設技術が不可欠であった。カラカラ浴場の高温浴室カルダリウムは、直径三六メートル。ハドリアヌス帝が建設した現存のパンテオンの直径四三メートルに若干劣る程度の大空間である。小さな風呂よりも千人風呂の方がゆったりできる。

さらに、ドーム屋根の天頂のオラクルから陽の光が射してくれれば、その荘厳さに我を忘れ、身も心も癒されるのである。数多くの教会建築にドーム構造が採用されているのと同じように。パンテオンの柱廊の間に、ルネッサンスの巨匠ラファエロの石棺がある。パンテオンの荘厳さに、ラファエロが自身の墓所として望んだのだ。パンテオン同様、カラカラ浴場等のドームのオラクルからの陽の光も素晴らしかったであろう。大型ドーム建築はギリシャにはなかった。古代ローマ人が発明したものと言える。この大型ドームの建設技術が、ローマ人に、より大きな癒しを与えたのである。

第三の条件は多岐にわたるので、カラカラ浴場の節で説明しよう。

カラカラ浴場

公共浴場のシンボルともいえるカラカラ浴場は、どのような規模で、設備はどのようなものであったのだろうか。同浴場はローマの中心フォロ・ロマーノの南約一・五キロメートルにある。図34、写真41、42のように、三六〇×三三〇メートルの広大な敷地に数多くの施設が建設され、浴場の建物は長さ二二〇メートル、幅一一〇メートル、高さは三八・五メートルもあった。地下は風呂釜や加熱槽が二層構造。地上部は部分的に二階建ての巨大建築物であった。数万平方メートルにもなる床の至る所に、大理石の寄木象嵌やモザイク画がある。そして壁にもモザイク画やフレスコ画が飾られていた。天井は優美なドームやヴォールトの構造。それを支える大理石や花崗岩の柱の頂部には、神々や鷲等の装飾が施され、一二〇を超える巨大な彫像があった。浴場と言うよりも大美術館とも言えるものであった。現在は、写真41のように高温浴室等の跡が残っているだけである。カラカラ浴場のパンフレットによると、一時に一六〇〇人、そして一日六〇〇〇人～八〇〇〇人が利用できたという。カラカラ浴場の構造を多くの学者が推測しているが、ローマ時代の施設解説書があるわけでなく、断片的記述から推測しているの

写真41　カラカラ浴場（高温浴室）

写真42　カラカラ浴場模型

写真44　ファルネーゼのヘラクレス（ナポリ国立考古学博物館）

写真43　ファルネーゼの雄牛（ナポリ国立考古学博物館）

で、様々な評価がある。本書では、カラカラ浴場のパンフレット及び、ラクス・カーティウスの『ローマ風呂』から推測した。

まず図34に沿って、浴場施設について説明しよう。フリギダリウム(R)と呼ばれる冷水浴室は、かけ流しで五八×二四メートル程度の広さがある。テピダリウム(T)は微温浴室で広さは同程度。カルダリウムと呼ばれる高温浴室(W)は直径三六メートルの大空間。浴室は、底の深い立ち風呂であった。浴室はともかく広い。浴室内では垢すりが行われていた。

そして、微温浴室には巨大なファルネーゼのヘラクレスの彫像【写真44】が飾られていた。

脱衣場(S)は二ヶ所あり、脱衣だけでなく、入浴後のマッサージや身体へのオイル塗りが行われていた。大浴場での入浴を好まない客のため、数多くの個室浴場(B)があった。ここで面白いのは、図34から分かるように、浴場の主要設備である冷水浴室・微温浴室・高温浴室はそれぞれ一つしかなく、利用者の階級や性別に関係なく一緒に利用したということである。

混浴については、ハドリアヌス帝、アントニウス・ピウス帝、アレクサンダー・セルベス帝等が禁止令を出していることは、度々禁止令を出されているということは、混浴禁止令がなかなか守られなかったことを示している。これは江戸の銭湯でも同じであったのだ。

次に浴場の付属設備についてであるが、まず、運動施設として、野外に一五〇×三〇メートル程度の観客席付競技場（M）がある。さらに室内には、球技等の運動場（V：九〇×二〇メートル）と格闘技ができる運動場（H：五〇×二五メートル）がそれぞれ二ヶ所ずつあり、運動をして入浴前に汗をかくことができた。東側の室内運動場には見事なファルネーゼの雄牛の彫刻【写真43】が陳列されていた。雄牛を狩るように球技を制せよということだろうか。

教育、文化施設としては、講堂あるいは教室と思われる施設（I）が各々二ヶ所あり、教育活動も行われていたようである。敷地内には図書館（Y：三八×二二メートル）があり、二つの部屋に分かれ、ギリシャ語とラテン語の書物が収蔵されていた。内部はエジプトやヌミディアから運んだ色とりどりの大理石、多数・多彩なモザイクや絵画・彫刻で装飾されていた。これらの美術品を鑑賞し、思索にふけることも可能であった。

さらに入浴後の散策、談笑用施設として、外側構造物と内部の浴場構造物の間の広大な空間（二〇〇×三〇〇メートル）に、ポルティコ（柱廊）や植え込みがあり、所々に談話用のベンチが設置されていた。古代ローマ人は議論好き。フォロ・ロマーノにも多くの柱廊があり、演説や議論が行われていたのである。

運動で汗をかき、各種の風呂を巡り、入浴後の気分爽快な時に美術鑑賞や場内を散策して、友達と談笑となれば、一時間や二時間では済まない。そうすれば、喉も乾くし腹も減る。場内に飲食施設もあったのであろう。このような施設が身近にあれば、毎日でも行ってみたいものだ。それも無料に近い料金なのだから。

このようなテルマエを実際どのように使用していたかについて、ネロ帝の指南役であった政治家、哲学者のセネカ(紀元前一年頃〜六五年)は『道徳書簡集』に、「あらゆる類の、耳障りな声を想像したまえ。スポーツ選手が練習し、亜鈴を挙げているとき、挙げようとするか、挙げる振りをしているあいだ、呻き声が聞こえてくる。息をするたびに、ハッハァという音や激しい息遣いが聞こえる。安いマッサージで満足している怠け者などに出会うと、手で肩をたたく音が聞こえてくる。平手で叩くか、掌に窪みをつくって叩くかで、音が違う。さらにボール遊びをする者が来て、ボールを打つ回数を数え始めると、万事休すだ。これに、喧嘩早い男、現行犯で捕まえられた盗人、入浴中に自分の声を聴きたがる人を加えよう。さらに、水が跳ねる凄まじい音を立ててプールに飛び込む人を付け加えよう。だが、少なくとも自然な声を発しているこれらの人のほかに、脱毛師の鋭い甲高い声を想像したまえ。脱毛師は自分の声がよく届くように、腋の下を脱毛するとき以外、けっして黙っておらず、突然叫び声を発するし、腋の下を脱毛するときは、自分の代わりに相手に叫び声を上げさせる。次いで、菓子の売り子がはりあげるさまざまな声。ソーセージやケーキの売り子。居酒屋のボーイが、それぞれ独特の調子で品物の名を告げている」と記している。これはアパートの上層階に住んでいたセネカがテルマエから聞こえてくる音を描写したものである。運動、マッサージ、脱毛、入浴、飲食店の呼び込みの声等が活写されている。ともかく、運動、美容、入浴、飲食あらゆるものがあったのだ。

セネカの時代にはまだ、アグリッパとネロの比較的小型のテルマエしかなかった。これに大型のトラヤヌスやカラカラ、ディオクレティアヌス浴場が加わると、まさに総合レジャーセンターとなったのではないか。さらにテルマエに関連する話を続けよう。

ヴェスビオス山噴火(七九年)の際に亡くなったプリニウスの『プリニウスの博物誌』に、「自分の身体を熱湯で茹でさせ、正気を失ったまま浴室から担ぎ出させる。またある者どもは本当に食卓のところまで行きつくのがもどかしい。いや衣服をつけるのももどかしく、その場で伸びてしまい、裸で喘ぎながら、自分の力を見せびらかすかのように、大きな容器をひっつかみ、その中身をすっかり流し込む。とまたただちにそれを取り上げ、そして又もや鯨飲をやらかす。それもそんなことを二度も三度もやるのだ。まるで奴らは酒を無駄使いするために生まれてきたかのように、また、人間の体を利用してお弔いをするほかに、酒の捨て場所がないとでもいうかのように」という酒飲みの様子が記されている。これはポンペイでの出来事であったと推測されている。湯上りの一気飲み。ビールではなくワインである。ただしこの時代は、水割りワインが一般的であった。このようなことも、セネカの時代から行われていたのであろう。

ともかく、カラカラ浴場はこれだけの施設である。パンフレットにあるように、一時に一六〇〇人、そして一日六〇〇〇〜八〇〇〇人が利用できた。そして、入場料以外の追加料金は、垢すり、マッサージ、オイル塗り、飲食と、多くの人々が、浮世の憂さを忘れ、午後の長い時間を、テルマエで安価に過ごしたのであろう。

最後に浴場の加熱装置について紹介する。図35に示すように、カラカラ浴場はアントニアーナ水道の水を一八ヶ所の貯水槽(B)に貯めて使用した。したがって、貯水槽→燃焼釜(E)付き加熱槽(C)→温水槽(D)→浴槽→排水設備と順次低い位置に流す必要があり、このため地上二階、地下二階の四層構造となった。さらに燃焼釜、加熱槽、温水槽は長手方向二列となり、修理や補修作業があっても運営ができるように考えられていた。その構造はまだ十分には解明されていないが、図35に示す構造のようである。貯水槽(B)に貯められた冷水を一気に加熱槽に導き、加熱された水は、温水槽列を通過して、先端温水槽より浴槽に提供する。加熱槽と温水槽を上下に分離することにより、定温に近い温水が得られたのである。加熱のために費やす薪の量は、一日一〇トン、そして地下には七ヶ月分、約二〇〇〇トンの貯蔵庫があった。薪を長い期間地下に保存すれば腐

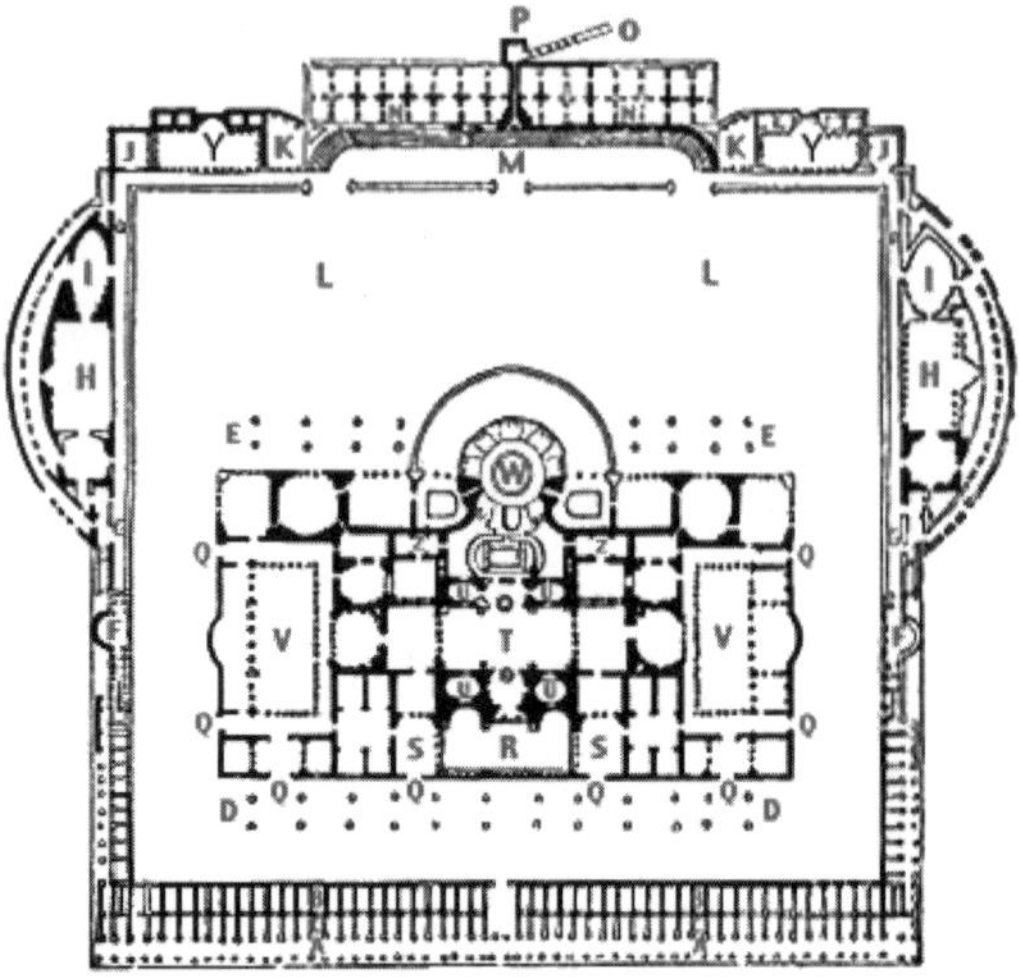

図34　カラカラ浴場平面配置図

A:ポルティコ(柱廊)
B:個室浴場
C:個室浴場用脱衣場
D・E: ポルティコ(柱廊)
F:エクセドラ(談話用野外の大型ベンチ)
G:戸外の廊下
H:室内運動訓練場
I:講堂
J・K:入浴者の召使用部屋
L:生垣のある散策路
M:観客席付屋外競技場
N:貯水槽(上層階)
O:アントニアーナ水道
P:分配水槽
Q:主浴場施設への入口(8ヶ所)
R:冷水浴室・プール
S:脱衣所、油を塗る所(2ヶ所)
T:微温浴室
U:温浴室(4ヶ所)
V:球技等の室内運動場
W:高温浴室
X:発汗室
Y:図書館

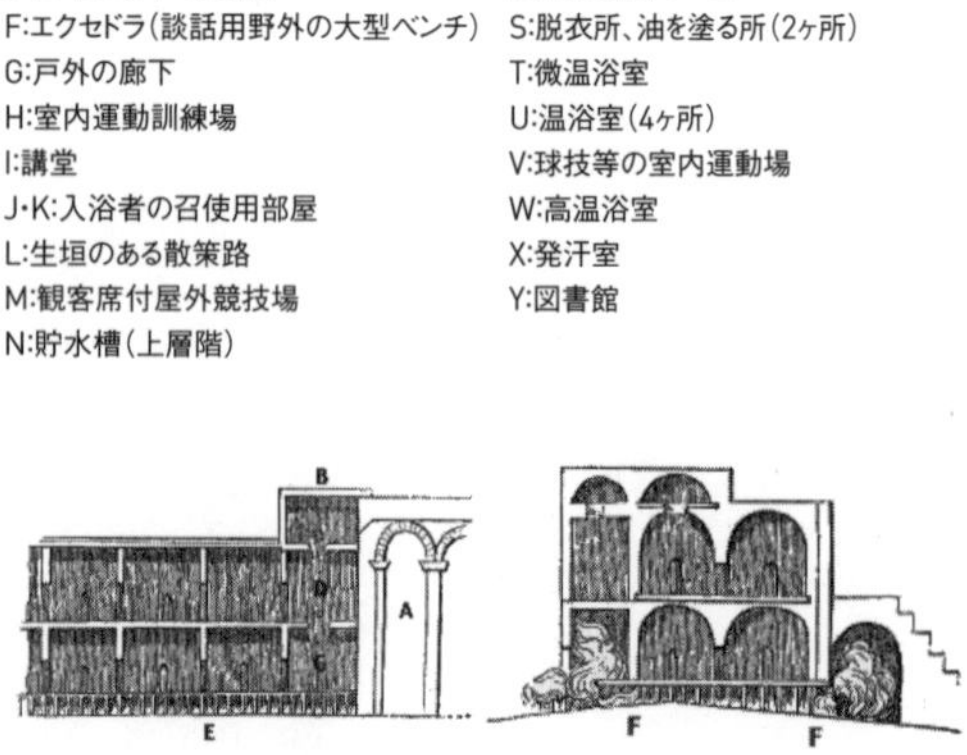

図35　カラカラ浴場の風呂釜

ることもあるので、防腐対策として換気もしていた。このような四層巨大構造物の温水、冷水の給水そして、使用水の排水、さらに燃料の補給をシステマティックに行ったローマ人には、ただただ感心するばかりである。

浴場文化の隆盛と衰退

浴場文化の隆盛

帝政ローマ期には、首都ローマのみならず、各地にテルマエが造られた。公共浴場が古代ローマ繁栄の原動力の一つともいえるのである。それは、テルマエは、皇帝から元老院議員、市民、そして奴隷までもが分け隔てなく利用していたということである。カシウス・ディオの皇帝伝には、ハドリアヌス帝他多くの皇帝が公共浴場を庶民とともに利用したということが記されている。皇帝から元老院議員、市民そして奴隷までもが裸の付き合いであったということだ。ディオは「ハドリアヌス帝が入浴中に、退役老兵士が垢すりのための奴隷も雇えず、自らの背中を浴場の壁にこすり付けていたのを見て、終身にわたる垢すり奴隷の提供を申し入れた。そして次にハドリアヌス帝が同浴場に行った時に、何人かの老人が、自らの背中を壁にこすり付け垢すりをしているのを見た。二匹目のどじょう（垢すり奴隷の提供）を期待していたのである。ハドリアヌス帝は、その手には乗らぬと、お互いの背中を垢すりするように勧めた」という笑い話が残っている。また、ウェスパシアヌス帝は、球技場（テルマエの球技用運動場）に通ったという記録もある。

日本ではこのようなこと、例えば、将軍が江戸の銭湯に庶民と一緒に入ることが想像できるだろうか。将軍と江戸市民の間には大きな距離があったため、無理な話であろう。

皇帝が一緒に入浴し、庶民と会話を交わすことがあれば、人々は皇帝のためにがんばろうという気にもなる。厳然たる階級制度があった古代ローマ時代、円形闘技場や劇場の座席は、身分によって分けられていた。一方で、浴場での裸の付き合い。一体感と階級差別、興味深いことである。ペルティナクス帝（在位一九三年）とディオクレティアヌス帝のように、父親が奴隷であっても皇帝になれるのであるから、階級差別も努力すれば、乗り越え栄達も可能であった。これが古代ローマ繁栄の原動力ではないだろうか。

浴場文化の衰退

「浴場都市ローマ」といえるほど栄えたローマの浴場文化は、なぜ衰退したのか。ローマ風呂と呼ばれる大浴場は、現在のヨーロッパではほとんど姿を消してしまった。ましてや公共浴場に男女が入るには、水着等の着衣がほとんどである。もともとは混浴で、着衣もなしであった。

その大変化の原因は、三一三年のコンスタンティヌス一世（大帝）によるキリスト教公認である。キリスト教の影響が強まるにつれ、公共浴場は衰退していった。禁欲を求めたキリスト教の下では、男女が集い、裸になる公共浴場は不道徳以外の何ものでもなかったのである。ヨーロッパではこれ以降、近代までの千数百年もの長い間、キリスト教会からの圧力による閉鎖命令等を受け、公共浴場は社会から姿を消すことになった。

しかし、キリスト教を公認したコンスタンティヌス大帝は、風呂が大好きであった。彼は、首都ローマ、フランスのアルル、ドイツのトリーア等にテルマエを建設している。ローマ帝国中には数多くの公共浴場があるが、建設者が分かっているもののうち最も多いのが、コンスタンティヌス大帝によるものである。しかし彼のキリスト教公認政策が、古代ローマの風呂文化を衰退させることになろうとは、夢にも思わなかったであろう。歴史とは、為政者の意図しない方向に展開することが多いのである。

第八章
パンとサーカス、そして浴場文化が古代ローマの繁栄を創った

ユウェナリスが風刺詩集に「パンとサーカス」と記したのは、二世紀初めである。その年をローマ帝国が最大版図を有した一一七年と想定すると、彼がローマ帝国の衰退を予言してから帝国滅亡の四七六年まで、約三六〇年もローマ帝国は存続した。クロディウスによる穀物の無料配給が始まった紀元前五八年から勘定すると、約五三〇年もの期間である。その間に配給を躊躇したり、サーカスの提供をしなかったりした皇帝もいるが、バラマキ政策である「パンとサーカス」は基本的に継続された。さらに浴場は紀元前二五年のアグリッパ浴場の開湯より続いていた。したがって「パンとサーカス、そして浴場文化が古代ローマの繁栄を創った」というのは過言ではない。

では、その要因は何なのか。以下に要因を四つにまとめた。第一は、帝国の財政歳出七〇パーセントにも及ぶ軍事費用の増大抑制である。軍団が増える、すなわち軍事費用が増大しては国が成り立たない。そのために、軍団の迅速移動が可能な道路網や郵便制度の整備と、軍事処点ともなる退役軍団兵を核とした植民市設立により、軍団数の増大防止を図ったのである。第二に貧窮したローマ市民の救済と、ローマ市民への選良意識をくすぐる穀物配給の実施。第三に増大した

祝祭日（余暇）の過ごし方。首都ローマでは年間一三〇日以上の祝祭日に、単に人々に休息日を与えるのではなく、無料の見世物や廉価の公共浴場を提供することによって余暇を楽しませ、反乱や謀反につながる不平不満のはけ口を作ったのである。そして第四に「パンとサーカス」、そして公共浴場の提供で、市民が怠惰になっても、出生や門地にこだわらない能力主義によって有能なリーダーが輩出、国を牽引したのである。これらの要因について分析する。

軍事費用の増大抑制

表2に示したように、一五〇年及び二一五年頃の軍事費は国家歳出の七十数パーセントであった。侵略戦争の時代、軍事費用は略奪や賠償金でかなりの部分を賄うことができた。しかしハドリアヌス帝（在位一一七年～一三八年）が領土拡張政策を放棄してからは、軍事費用の増大は、直接増税につながる。その結果、国民の不平不満の増大、国家財政の破綻への道を歩むこととなる。

ローマ市民は軍役の代わりに直接税ゼロ、属州民は収穫の十分の一税が基本であった。税が増大すれば人々の不平不満は募る。直接の比較は難しいが、江戸時代の五公五民や四公六民と言われた年貢に比べて、はるかに低い税率である。この点では、ローマの農民は幸福であったと言える。国防のため軍団数を増やす。すなわち軍事費を増大させれば、このような低い税率は不可能である。したがって、蛮族の襲来や国内の反乱があっても、軍団を増加させずに防衛できることが不可欠であった。

このための方策が、軍団の迅速移動が可能な道路網整備や、情報伝達急速化のための郵便制度の確立と、軍事処点ともなる、退役軍団兵を核とした植民市の設立である。そして植民市の人びとが不平不満を抱かないようにするためには、首都ローマ並みの生活の保証が不可欠であった。遠隔地の植民地でも、皇帝等による道路や水道の生活インフラ、見世物のための施設、さらに公共浴場の提供。そして間接税徴収権付与による財源の確保。結果として、植民市でもサーカスの提供が可能となったのである。さらに植民市は属州税の徴収はあったが、その他の面では自治は任されていた。自由裁量が多く、植民市民の意欲を尊重したのである。これらの方策が軍事費用の増大抑制に有効であった。

穀物の配給

穀物の廉価配給は、貧窮したローマ市民の救済と、その結果として軍団兵の質の低下防止のため、紀元前一二三年、ガイウス・クラックスの改革で始まった。無料配給は人気取りの側面が大であるが、紀元前五八年のクロディウス法により実施された。もともとは貧民救済措置であるが、所得制限はなく、元老院議員も受給していた。

無料配給に対して、アウグストゥス帝は「私は穀物の無償配給という公の制度を、永久に廃止したい衝動を覚えた。なぜなら、これに依存して畑の耕作が放棄されるからだ。しかしこの衝動を持続できなかった。いずれまた民衆の好意を得るために復活されることは間違いないと確信したからである」と述べている。非常に問題のある制度ではあるが、継続したのは人気取りのためだけだろうか。

ルネッサンスの思想家マキアヴェッリは、著作の『国家編』で「いにしえの歴史家たちは、次のように言っている。人間というものは、恵まれていなければ悩み、恵まれていればいたで退屈する。そしてこの性向からは、同じ結果が生ずるのだ」と記している。これは、中程度の満足、あるいは若干の不足が良いということである。穀物の無料支給だけでは十分な食糧が確保できるわけではなく、そのためには働かなければならない。それとともに、受給を受けていることは、名誉心の強いローマ人の心に選良としての満足感を与えた。貧民救済とエリート意識付与のバランスなのである。

増大した祝祭日（余暇）の過ごし方

古代ローマは、領土の拡張とともに、異民族を、そして異教の神も敗者同化で迎え入れた。現代よりも人々が神に近しい存在感を抱いていた古代では、敗者の神々を、勝者ローマの神々と同列に扱ってくれることは、敗者にとって嬉しいことである。そして、神々のために祝祭日数が増加し、年間一三〇日以上の祝祭日の設定となった。祝祭日の全部が休みであったかは分からないが、娯楽の少ない古代において、人々を見世物や公共浴場に誘わなければ、どうなってしまっただろうか。

同じく『国家編』に「民衆というものは、善政に浴しているかぎり、とくに自由などを、望みもしなければ、求めもしない」と記されている。ローマの為政者は、余暇の過ごし方として、無料の見世物や安価な公共浴場の提供という善政をした。

不平不満によって起こる内乱等が原因となる軍事費増大よりも、バラマキによる善政の方が安上がりだと考えたのであろう。

出生や門地にこだわらない能力主義による有能なリーダーの輩出

「パンとサーカス」により、堕落した国民も多かったであろう。国民全員が平均化され、その中から出てきた凡庸なリーダーに指揮されることが、国として幸福なのだろうか。

古代ローマでは、出生や門地にこだわらない能力主義によって有能なリーダーを求めたのである。能力について言えば、奴隷でも、有能なら解放奴隷としてローマ市民への道が開けていた。カエサルは占領奴隷の医者や教師をローマ市民にした。国にとって役に立つからである。また、ペルティナクス帝（在位一九三年）とディオクレティアヌス帝（在位二八四年～三〇五年）のように、父親の代は奴隷であっても、自身は皇帝になれたのである。士農工商の江戸時代で、父親が非人や町人であり、その子が将軍になるということが想像できただろうか。このように、出生にかかわらず、古代ローマの為政者は、人々にやる気を出させる手管に長けていたのである。

次に門地である。検討のため、皇帝の出身地を『ローマ皇帝歴代誌』で調べてみた【表5】。同書に出生（身）地が記載されている、初代アウグストゥス帝から第五八代コンスタンティヌス一世（在位三〇七年～三三七年）までの皇帝のうち、出生地不詳の一二人を除いた四六人中、首都ローマ出生者は八人、ローマを含むイタリア出生者は二〇人しかいない。イタリア以外地方出身者比率五七パーセントである。また五賢帝最後の皇帝一六代皇帝マルクス・アウレリウス（在位一六一年～一八〇年）までは、一人不詳で、一五人中六人が首都ローマ出身者、イタリア出生者が一三人である。イタリア以外地方出身者比率一三パーセントであった。しかしギボンの言う「最も幸せな時代」が過ぎた第一七代皇帝から第五八代皇帝の時代では、乱世となったためであろうが、三一人中、ローマ出身者は二人、イタリア出生者が七人だけである。地方出身者比率七七パーセントである。

	総計	不明	計	ローマ	イタリア(ローマ含)	イタリア以外
初代アウグストゥス帝～ 16代マルクス・アウレリウス帝	16	1	15	6(40%)	13(87%)	2(13%)
17代ルキウス・ウエルス帝～ 58代コンスタンティヌス1世	42	11	31	2(6%)	7(23%)	24(77%)
計	58	12	46	8(17%)	20(43%)	26(57%)

表5　ローマ皇帝出身地

共和政ローマによるイタリア統一は、紀元前二七〇年にはなされており、ローマ元老院のエリートは首都ローマ、更にイタリア出身者といっても過言ではない。門閥主義なら、このエリート層の中から皇帝が選出されてもよいと思うのだが。乱世だったから群雄割拠（地方出身者が多い）となったのか、群雄割拠だから乱世となったのか、判断は難しいが、意外にローマ出身者・イタリア出身者は少ないのである。皇帝の出生地のみで、地方都市の活力を判断するのは乱暴であるが、目安にはなる。少なくとも、首都ローマ出身者やイタリア出身者にこだわらず、広く帝国内の人材が登用されたのである。

歴史上名を残す繁栄した大帝国には、必ず有能なリーダーがいた。古代ローマは、その嚆矢とも言えるように、有能なリーダーの創出に心掛けていたのである。

古代ローマの繁栄と日本の繁栄

古代ローマと同じ「パンとサーカス」の手法を使うことにより、日本の繁栄を永続させることはできるだろうか。結論から言うと、不可能であろう。その理由は、第一に日本人の遊びについての罪悪感。第二に現代社会の情報伝達の早さと、日本における平等意識・主義の強さである。ローマのように、例えば、植民の命令が伝達されれば、それに従う組織でなければ困難である。では、古来ローマの繁栄の手法は、わが国の閉塞感を打ち破るのに参考になるのかどうかを検討してみた。遊びと地方分権である。

日本人は遊びが不得手で、勤勉であると言う。特に非常時の自粛。戦時の「欲しがりません、勝つまでは」である。近年では消費の時代と言われ、若干払拭されたが、東日本大震災後の自粛。経済が回らなくなっても自粛・自粛。気が付くのが二ヶ月後、三ヶ月後。ニューヨークの二〇〇一年九月一一日の同時多発テロでは、一週間後にはブロードウェイが再開。二〇日後の一〇月一日の国連でのジュリアーニ・ニューヨーク市長の演説では「ニューヨーク市内に多くの人が来ていることへの感謝と、今後より多くの国民や世界の人々がニューヨークに来ることを要請」している。積極的に遊び、消費をしなければ経済は回らないのだ。ローマ人の遊び好きは見習うべきである。そして遊びができるように企業や社会を変えるべきである。ソニーの会社設立趣意書に「真面目なる技術者の技能を、最高度に発揮せしむべき自由闊達にして愉快なる理想工場の建設」、堀場製作所の社是に「おもしろおかしく」というものがある。遊びができる余裕があれば、仕事も愉快に、おもしろおかしく物事が進み、企業が成長して経済が回るということである。真面目なだけで下を向いていては、成長はできないのではないか。

次に地方分権である。一九九〇年代より我が国の閉塞感が高まっている。特に東京一極集中が加速し、地方の閉塞感が強い。なぜだろうか。三割自治と言われるように、地方に裁量権がほとんどないためなのではないだろうか。したがって、地域独自の政策で発展することが困難になっている。どの地方も「ミニ東京」ばかりで特色のない都市になっている。古代ローマでは、属州税以外、多くの裁量権のあった植民市とは全く違うのである。意欲ある植民市からは多くの皇帝も輩出された。市民は「我らが皇帝」を守り立てたであろうし、皇帝も母市に恩恵を与え、植民市の発展に寄与したのである。

中央集権の現代日本は、意欲があり名誉心のある人々は、地域を見捨てざるを得なくなる。大天才は寛容の精神で人々に任せるが、小秀才はつべこべと口を出すことが好きである。古代ローマのように、裁量権を与え、カエサルのような寛容の精神を持って事に当たらせれば、未来は開けるのではないだろうか。

終わりに、カエサルの寛容の精神を紹介する。カエサルは「寛容(クレメンティア)」を特に大切にした。それを表すように、彼は凱旋式記念銀貨に「クレメンティア」の文字を彫った。彼は争いを極力避け、戦の悲惨さを可能な限り回避しようとした。また、自分と立場を共にしない人々が抹殺されてしかるべきだとは考えなかった。殺そうと思えば殺すことのできた捕虜や投降してきた敵兵に対しても、「勝利者の権利」を行使せずに、釈放したことが多い。その人々が再び彼に敵対するであろうことを充分に予測しながらも放免したのである。そして、「私が自由にした人びとが再び私に剣を向けることになるとしても、そのようなことには心を煩わせたくない。何ものにもまして私が自分自身に課しているのは、自分の考えに忠実に生きることである。だから他の人もそうあって当然と思っている」という言葉を残している。しかし二度目の敵対となり、大量虐殺をしたこともある。これは、自分の意思を示し、後は他人に任せることに他ならない。ローマ人が属州や植民都市の経営を、当該市民等に任せたことと大差はない。カエサルはこの言葉に忠実に人生を送った。しかし「ブルータスよ、おまえもか」と殺されてしまった。殺されてしまってはどうしようもないではないかという考えもあるだろうが、寛容の精神があったからこそ大業を成し遂げたのではないだろうか。その精神すらなく、何も成し遂げないのとでは、どちらが良いのであろうか。

付録　パンとサーカスに係る年表

古代ローマ関係の歴史		パンとサーカス、公共浴場関係の歴史		日本の歴史他
BC753	ローマ建国・王政ローマ			縄文時代
509	共和政ローマ開始	367	リキニウス法（大土地所有制限法）制定	弥生時代（BC5世紀～AD3世紀） 邪馬台国 卑弥呼（3世紀中頃）
312	アッピア街道／水道完成	364	エトルリア舞踏家ローマで演劇	
		264	ブルトゥス兄弟父の葬儀で3組剣闘士試合開催	
		240	アンドロニクス風刺劇上演	
		164	ムンミウス、初の常設木造劇場建設	
135～132	シチリアでの第1次奴隷戦争	133	ティベリウス・グラックス暗殺	
107	マリウス志願制度導入	123	ガイウス・グラックス穀物法（121ガイウス自死）	
		80頃	ポンペイ円形闘技場完成	
73～71	剣闘士スパルタクス指導による第3次奴隷戦争	81～75	スッラにより穀物法停止。コッタにより再開	
		65	カエサル320組の剣闘士試合開催	
		67	ガビニア法制定（ポンペイウス海賊退治）	
		58	クロディウス法制定（小麦無料配給）	
58～51	カエサルのガリア遠征	57	ポンペイウス穀物供給指揮	
		55	ポンペイウス劇場完成	
46	カエサル10年間の独裁官就任	50頃	カエサル、キルクス・マクシムス改修	
44	カエサル暗殺	46	カエサル、模擬海戦開催	
27	オクタウィアヌスがアウグストゥスの尊称を受ける。帝政ローマ始まる	29	タウルス円形闘技場完成	
		25	アグリッパ浴場完成	
		22	アウグストゥス帝穀物供給指揮	
		13	マルケルス劇場完成	
AD	キリスト誕生	46	クラウディウス港部分完成	
54～68	ネロ帝治世	80	コロッセオ完成	
96～180	5賢帝（ネルバ／トラヤヌス／ハドリアヌス／アントニヌス・ピウス／マルクス・アウレリウス）の時代		ユウェナリス（60～130）	
		99	エジプト飢饉。トラヤヌス帝治世穀物逆輸送	
		109	トラヤヌス浴場完成	
		113	トラヤヌス港完成	
		117～138	ハドリアヌス帝治世。領土拡大政策放棄	
180～192	コンモドゥス帝治世	216	カラカラ浴場完成	
293	帝国の4分割統治制	306	ディオクレティアヌス浴場完成	
313	キリスト教を公認			
476	西ローマ帝国滅亡	404	コロッセオで最後の剣闘士闘技開催	
537	東ゴート王国、ローマ占領	523	コロッセオで最後の猛獣狩り開催	

あとがき

筆者は『水道が語る古代ローマ繁栄史』で、豊富で清冽な水を多大な苦労をして遥か遠方より運んだローマ水道、さらに地下の下水道についても紹介した。それが首都ローマのみならず、帝国の隅々の植民市にも在ったのである。

つづいて『交路からみる古代ローマ繁栄史』で、主に軍用として作られたローマ街道や、広大な領土の物資の大動脈になった海の道や川の道、そして情報伝達等について記した。大帝国を発展維持するために、人間の身体に例えれば、血管や神経が、領土の隅々に行きわたっていたのである。

古代ローマは強大な軍事国家であった。領土を広げるには、軍事力のみで可能であったかもしれない。しかし人間とは、軍事的緊張を続けられるわけではない。長い繁栄を維持するには、上下水道や道の整備だけでは不十分なのだ。国は最低限の食糧の保証と、人びとが娯楽を楽しみ、風呂に憩う環境を整備する余裕が必要なのである。いわゆる「パンとサーカス」の世界。しかしこれらを国家が行うには、莫大な費用が発生する。それをどのように達成したのかを、この『娯楽と憩しからみた古代ローマ繁栄史』で明らかにした。

国の存続には、確実な防衛網の整備、衛生的な水の供給と排水、さらに最低限の食糧を保証することが重要なことは論を待たない。さらに人々が日常を楽しむこと、すなわち娯楽と憩いが容易に得られれば、不平不満による騒乱等、国を揺るがす事態は予防できるのである。それを行ったのがローマの為政者であった。その実行にはハード、ソフトを含めたシビルエンジニアリングが不可欠であった。筆者はシビルエンジニアとして、ローマの長く続いた繁栄の理由を、これらの三冊の『古代ローマ繁栄史』で記した。

日本の繁栄は戦後六〇年。この二〇年は陰りが見えている。持続可能な繁栄を取り戻すために、本書が参考になれば望外の喜びである。

終わりに当たり、本書の編集に当たりご尽力をいただいた、鹿島出版会の橋口聖一氏、三宮七重氏、その他ご協力いただいた皆様に謝意を表します。

二〇一一年一二月

中川良隆

■参考文献

1 水道が語る古代ローマ繁栄史、中川良隆、鹿島出版会、二〇〇九年
2 交路からみる古代ローマ繁栄史、中川良隆、鹿島出版会、二〇一一年
3 古代ローマを知る辞典：長谷川岳男・樋脇博俊、東京堂出版、二〇〇四年
4 古代のローマの水道フロンティヌスの「水道書」とその世界：フロンティヌス、今井宏著訳、原書房、一九七六年
5 古代ローマの自由と隷属：長谷川博隆、名古屋大学出版会、二〇〇一年
6 古代ローマ歴代誌：フィリップ・マティザック著、本村凌二監修、創元社、二〇〇四年
7 古代ローマ文化誌：C・フリーマン著、小林雅夫監訳、原書房、一九九六年
8 古代ローマの日常生活：ピエール・グリマル著、北野徹訳、白水社文庫クセジュ、二〇〇五年
9 古代ローマ入門：サイモン・ジェイムズ著、阪本浩監修、あすなろ書房、二〇〇四年
10 古代ローマ：双葉社、二〇〇六年
11 古代のローマ：小林雅夫訳、平田寛監修、朝倉書店、一九八五年
12 古代ギリシア・ローマの飢餓と食料供給：ピーター・ガンジィ著、松本宣郎訳、白水社、一九九八年
13 ローマ、ある都市の伝記：クリストファー・ヒバート著、横山徳爾訳、朝日選書、一九九一年
14 ローマ皇帝歴代史：クリス・スカー著、青柳正規監修、創元社、一九九八年
15 ローマ帝国：クリス・スカー著、吉村忠典監修、河出書房新社、一九九八年
16 ローマ帝国愚帝列伝：新保良明、講談社選書メチエ、二〇〇〇年
17 ローマ帝国衰亡史：エドワード・ギボン著、吉村忠典他訳、東京書籍、二〇〇四年
18 ローマ皇帝伝：スエトニウス著、国原吉之助訳、岩波文庫、一九八六年
19 ローマ五賢帝：南川高志、講談社現代新書、一九九八年
20 ローマ盛衰原因論：モンテスキュー著、井上幸治訳、中公クラシックス、二〇〇八年
21 ローマ人の世界：ロジェ・アヌーン他著、青柳正規監修、創元社、一九九六年
22 ローマ喜劇：小林標、中公新書、二〇〇九年
23 ローマ文明：ピエール・グリマル著、桐村泰次訳、論創社、二〇〇九年
24 ローマの古代都市：ピエール・グリマル著、北野徹訳、白水社文庫クセジュ、一九九五年
25 ローマ経済の考古学：ケヴィン・グリーン著、本村凌二監修、平凡社、一九九九年
26 ローマ人の物語(X)：塩野七生、新潮社、二〇〇一年
27 図解古代ローマ：スティーヴン・ビースティ著、倉嶋雅人訳、松原國師監訳、東京書籍、二〇〇四年
28 支配の天才ローマ人：吉村忠典、三省堂、一九八一年
29 パンと競技場：ポール・ヴェーヌ著、鎌田博夫訳、法政大学出版局、一九九八年
30 アウグストゥスの世紀：ピエール・グリマル著、北野徹訳、白水社文庫クセジュ、二〇〇四年
31 コロッセウムから読むローマ帝国、嶋田誠、講談社選書メチエ、一九九九年
32 グラディエーター：ステファン・ウィズダム著、斉藤潤子訳、新紀元社、二〇〇二年
33 素顔のローマ人：弓削達、河出書房新社、一九九一年
34 ポンペイ・グラフィティ：本村凌二、中公新書、一九九六年
35 ポンペイ・奇跡の町：ロベール・エティエンヌ著、弓削達監修、創元社、一九九一年
36 ポンペイの遺産：青柳正規監修、小学館、一九九九年
37 トルマルキオの饗宴：青柳正規、中公新書、一九九七年
38 イタリア紀行：ゲーテ著、相良守峯訳、岩波文庫、一九四二年
39 年代記：タキトゥス著、国原吉之助訳、岩波文庫、一九八一年
40 プルターク英雄伝(6)：プルタコス著、河野与一訳、岩波文庫、一九五二年〜一九五六年
41 プルタルコス英雄伝：プルタルコス著、村川賢太郎編、ちくま学芸文庫、一九九六年
42 プリニウスの博物誌：中野定男・中野美代・中野里美訳、雄山閣出版、一九八六年
43 皇帝たちの都ローマ：青柳正規、中公新書、一九九二年
44 ウィトルーウィウス建築書：森田慶一訳註、東海大学出版会、一九七九年
45 CG世界遺産・古代ローマ：双葉社スーパームック、二〇〇六年
46 マキアヴェッリ語録：塩野七生、新潮文庫、一九九二年
47 ポン・デュ・ガール：ロズリン・モロー、二〇〇二年
48 技術の歴史：フォーブス著、田中実訳、岩波書店、一九七八年
49 技術の歴史4：チャールズ・シンガー他著、平田寛他訳、筑摩書房、一九六三年

50 都市――ローマ人はどのように都市をつくったか：デビッド・マコーレイ著、西川幸治訳、岩波書店、一九八〇年
51 ガリア戦記：カエサル著、国原吉之助訳、講談社学術文庫、一九九四年
52 図説世界文化地理大百科「古代のローマ」平田寛監修、小林雅夫訳、朝倉書店、一九八五年
53 日本人の勤勉神話ができるまで：加藤哲郎著、エコノミスト誌、一九九四年九月一三日号
54 一日江戸人：杉浦日向子、新潮文庫、二〇〇五年
55 土の文明史：ディビッド・モントゴメリー著、片岡夏美訳、築地書房、二〇一〇年
56 ユダヤ戦記：フラウィウス・ヨセフス著、秦剛平訳、筑摩書房、二〇〇二年
57 POMPEII: THE CITY THAT WAS BURIED IN 79 A.D.
58 Das neue Museum im Archaologischen Park Xanten:2008
59 Colosseum Guide:2008
60 Merida:2003
61 ARLES:1997
62 Ancient Hellenistic and Roman Amphitheatres,Stadiums,and Theatres The Way They Look Now,Raymond G.Chase,Peter E.Randall Publisher,2002
63 THE BATHS OF CARACAllA, ELECTA, Soprintendenza Archeologica di Roma, 1998
64 The Roman Baths(Smith's Dictionary,1875), Lacus Curtius
65 Histoire Antique & Medievale hors serie n°23 LES GLADIATEURS (Editions Faton,2010)

■図・写真の出典

図6、7 参考文献36
図10、19 参考文献65
図12、15、18 参考文献44
図13 参考文献32
図22 参考文献34
写真1 参考文献21

著者
中川良隆《なかがわ・よしたか》
昭和二二年　東京生まれ
昭和四四年　慶應義塾大学工学部機械工学科卒業
昭和四六年　東京大学大学院工学系研究科土木工学専攻修士課程修了
　　　　　　大成建設株式会社入社
平成一五年　東洋大学工学部環境建設工学科教授
現在に至る
工学博士、技術士（建設部門）

〔主な著書〕
『建設マネジメント実務』山海堂
『ゴールデンゲート物語』
『水道が語る古代ローマ繁栄史』
『交路からみる古代ローマ繁栄史』以上、鹿島出版会

娯楽と癒しからみた古代ローマ繁栄史
パンとサーカスの時代

二〇一二年二月一〇日　第一刷発行

著者　中川良隆
発行者　鹿島光一
発行所　鹿島出版会
〒一〇四-〇〇二八　東京都中央区八重洲二-五-一四
電話　〇三(六二〇二)五二〇〇　振替　〇〇一六〇-二-一八〇八八三

デザイン　高木達樹（しまうまデザイン）
印刷・製本　三美印刷

ISBN978-4-306-09416-1 C0052　Printed in Japan

本書の内容に関するご意見・ご感想は下記までお寄せください。
http://www.kajima-publishing.co.jp　info@kajima-publishing.co.jp

水道が語る古代ローマ繁栄史

中川良隆著

四六判・一八四頁　定価二三一〇円（本体二一〇〇円＋税）

シビル・エンジニアとしての視点から
古代ローマの水に関わる疑問を浮き彫りにし、
江戸の水道と対比しながらローマ水道の様々な疑問を解明していく。
時代背景と地理的条件、古代ローマ人の思考などが理解できる読み物。

主要目次

交路からみる古代ローマ繁栄史

陸の道、河の道、海の道が古代ローマの繁栄をつくった

中川良隆著

四六判・二〇八頁　定価二三一〇円（本二一〇〇円＋税）

交易路がなければローマ帝国は成り立たなかった。
古代ローマにおいて、陸と水の交易路とはどのようなもので、
いつ、どうしてつくられ、そしてその繁栄にどのように
結び付いたかという疑問を解明する。

主要目次

〒104-0028 東京都中央区八重洲2-5-14 Tel.03-6202-5201 Fax.03-6202-5204
http://www.kajima-publishing.co.jp　E-mail:info@kajima-publishing.co.jp